Sammlung Vandenhoeck

V&R

Micha Hilgers

Das Ungeheure in der Kultur

Psychoanalytische Aufschlüsse zum Alltagsleben

Vandenhoeck & Ruprecht
in Göttingen

Die Deutsche Bibliothek – CIP-Einheitsaufnahme

Hilgers, Micha:
Das Ungeheure in der Kultur : psychoanalytische Aufschlüsse
zum Alltagsleben / Micha Hilgers. –
Göttingen : Vandenhoeck & Ruprecht, 1999
(Sammlung Vandenhoeck)
ISBN 3-525-01456-2

Umschlagabbildung: Grant Wood, *American Gothic*,
1932, Chicago, Art Institute

Satz: Satzspiegel, Nörten-Hardenberg
Druck- und Bindearbeiten: Hubert & Co., Göttingen

Inhalt

Einleitung

Mit steter Regelmäßigkeit wird die Psychoanalyse für tot, antiquiert, unwissenschaftlich oder viel zu teuer erklärt. Alle zwei bis drei Jahre kommt »Der Spiegel« mit einem Titel über Freud heraus, in dem alle möglichen Irrtümer und längst überholte Aussagen von Freud aufgelistet werden. Man fragt sich allerdings, warum dies so häufig geschehen muß, wenn es denn tatsächlich so schlecht um die Psychoanalyse und ihre wissenschaftliche Reputation bestellt ist. Ein einmaliger Verriß sollte in diesem Fall eigentlich völlig ausreichen.

Die Kritik erweist sich auf den zweiten Blick selbst als unwissenschaftlich: Natürlich stecken Freuds Aussagen aus heutiger Sicht neben vielen revolutionären Ideen voller Irrtümer und Fehlannahmen. Doch was bedeutet das für die Psychoanalyse? Wäre es nicht bizarr, die Physik für antiquiert zu erklären, weil sich einige Aussagen von – sagen wir – Galileo Galilei nicht mehr halten lassen? Die heutige Psychoanalyse ist nicht mit Freud gleichzusetzen, noch gibt es *die* Psychoanalyse, ebensowenig wie *die* Physik, *die* Medizin oder *die* Philosophie.

So ist die Psychoanalyse-Kritik selbst in merkwürdigem Maß antiquiert: Es sieht so aus, als ob sich seit Freuds mittleren Jahren nichts mehr getan hätte und alle heutigen Psychoanalytiker lediglich mit der Exegese von Freuds Werken beschäftigt wären.

Daß dies mitnichten der Fall ist und Psychoanalytiker und Psychoanalytikerinnen sich mit zahlreichen aktuellen gesellschaftlichen wie klinischen Phänomenen auseinandersetzen, und dabei – wie es sich für Wissenschaft gehört – im Streit miteinander um bessere Erklärungen für die untersuchten Probleme ringen, will dieses Buch in kurzen – nicht verkürzten – Darstellungen demonstrieren.

Dabei bin ich weit davon entfernt, Auswüchse und kritikwürdige Probleme der Psychoanalyse leugnen zu wollen. Als ich mich entschied, eine psychoanalytische Ausbildung zu beginnen, war ich sehr unsicher, an welchem Ausbildungsinstitut ich mich bewerben sollte. Schließlich entschloß ich mich, den Vertreter der Ausbildungskandidaten eines der beiden in Frage kommenden Institute einfach anzurufen, um mich zu erkundigen, wie er denn die dortige Ausbildung empfinde. Als er den Hörer abnahm, sagte er ohne Nennung seines Namens oder irgendeiner Grußformel mit gedämpfter Stimme lediglich »was gibt es?«. Erschrocken hängte ich sofort ein. Nach einigen Stunden rief ich erneut an, und wiederum meldete er sich mit jener Karikatur einer psychoanalytischen Intervention. Auch sonst war er kaum in der Lage, ein vernünftiges Gespräch zu führen. Ich beriet mich mit meinen Freunden, was davon wohl zu halten sei und ob ich nicht doch von einer psychoanalytischen Ausbildung absehen solle. Mir kam ein Bonmot des Porzellanherstellers Philip Rosenthal zu Hilfe, der in einem Interview über sein bewegtes Leben sagte, er habe die Erfahrung gemacht, es gebe in jeder Berufssparte eine ungefähr gleiche Anzahl von Armleuchtern.

Eine solche Sichtweise verhindert Idealisierungen von Psychoanalyse und ihren Betreibern und daher auch ebenso idealisierte, nämlich negativistische Kritik auf der anderen Seite. Viele Psychoanalytiker setzen sich heute in sehr pragmatischer Weise mit Erkrankungen ihrer Patienten und gesellschaftlichen Entwicklungen auseinander. Dies bedeutet kein Aufgeben der Theorie, sondern im Gegenteil ihre Anwendung und Überprüfung an der Praxis. In diesem Sinn greift das Buch aktuelle psychoanalytische Themen und Fragestellungen auf. Dabei ist es meine Hoffnung zu zeigen, daß Psychoanalyse immer wieder Irrtümern verfällt, wie jede Wissenschaft, sie aber heute über bessere, brauchbarere Irrtümer verfügt. Diese Vorläufigkeit all unseren Wissens und die Neugierde auf neue Entdeckungen stellt die Psychoanalyse in die Tradition der Aufklärung – ganz im Sinne ihres Begründers Sigmund Freud, der an dieser Stelle wohl kaum falsch lag.

1

Hinter die Couch müssen mehr Querdenker

Psychoanalyse zwischen Gesellschaftskritik und Anpassung

»Bauernfängerei des Jahrhunderts« urteilte kurz und bündig der Nobelpreisträger Peter Medawar über die Psychoanalyse. Auch nach hundertjährigem Bestehen sieht sich die Psychoanalyse noch immer heftiger Kritik ausgesetzt. Mangelnde empirische Fundierung und zu geringe Effizienz bei viel zu langen Behandlungen attestiert ihr der Berner Psychotherapieforscher Klaus Grawe. »Was ich in zehn Stunden nicht erreichen kann, ist auch in hundert Sitzungen nicht zu erreichen« meierte der amerikanische Systemtheoretiker Paul Watzlawick psychoanalytische Langzeittherapien ab. Was Watzlawick offenbar nicht leisten kann, erreichen andere dennoch und widerlegen damit den Vorwurf, alternative Therapieformen seien billiger und wirkungsvoller: Denn auch nach weit mehr mehr als hundert Stunden zeigten sich bei jüngsten Therapieforschungen deutliche und vor allem dauerhaftere Verbesserungen.

Der Ruf nach möglichst schneller und billiger Funktionsfähigkeit des Patienten entspricht eher den Forderungen nach zunehmender Verfügbarkeit des Menschen auf dem Arbeitsmarkt. Denn dort ist schon seit längerem der Ruf nach Flexibilisierung der Arbeitskräfte zu hören, die sogenannte Qualifikationsoffensive fordert immer neuen Kompetenzerwerb, nicht zuletzt von jenen, die das gar nicht leisten können.

»Was ist das für ein Menschenbild, was für eine normierte Therapie, nach der jemand, der nach zehn Stunden nicht geheilt ist, auf den Müll gehört«, entrüstet sich Karin Bell, langjährige Vorsitzende des Dachverbandes deutscher Psychoanalytiker: »Schnell, komplikationslos und billig – Ausdruck einer Wegwerfmentalität«. Wie häufig in der Geschichte der Psychoanalyse wird die Kritik um so heftiger, je verunsichernder soziale und politische Bedingungen werden. »Viele Menschen fühlen sich von sozialen und ökologischen Entwicklungen sehr bedroht. Da ist es nicht erstaunlich, daß der allgemeine Trend in Richtung Machbarkeit und Beherrschbarkeit geht, auch in der Wissenschaft. Kritische Reflexion der eigenen Motive und des eigenen Verhaltens, wie sie die Psychoanalyse pflegt, ist da weniger gefragt«, sagt Thea Bauriedl, Vorsitzende der Münchener Akademie für Psychoanalyse und Psychotherapie. Freuds Anliegen, Irrationales, Ängstigendes und menschliche Destruktivität mit dem Mittel der Vernunft zu beleuchten, ist angesichts der zahlreichen gegenwärtigen, oft irrationalen und affektgeladenen politischen Auseinandersetzungen aktueller denn je: Wachsende Fremdenfeindlichkeit und Gewalt gegen Ausländer, besonders von Jugendlichen mit diffusem, emotional gefärbtem rechten Weltbild, ethnische Konflikte in der Mitte Europas und religiöser Fundamentalismus sind ebenso Themen psychoanalytischer Forschung wie Motivationsfragen der Umweltpolitik. Und tatsächlich begriffen sich Psychoanalytiker stets auch als Kultur- und Zeitkritiker. »Therapeut bin ich wider Willen geworden«, sagte Freud von sich selbst und betonte damit sein Vorhaben, mit psychoanalytischen Verfahren nicht bloß heilen, sondern auch Gesellschaftliches erkennen zu wollen.

Doch nur wenige Psychoanalytiker werden ihrem eigenen Anspruch gerecht, sich jenseits medizinischer Fragen zu aktuellen Themen kritisch zu Wort zu melden. Denn die heutige Ausbildung zum Psychoanalytiker ist meist stark an den Vorstellungen der Kassenärztlichen Bundesvereinigung und der zuständigen Stellen der Gesundheitsministerien der Länder orientiert, die den psychoanalytischen Instituten und ihren Weiterbildungskandidaten die Curricula weitgehend diktieren. »Die Mehrheit ist nach meinem Eindruck unpolitisch«, urteilt der Düsseldorfer Psychoanalytiker Bernd Nitzschke. Weil häufig eine psychoanalytische Ausbildung wegen der Kassenzulassung absolviert werde, fänden sich unter solchen Kandidaten selten »kreative Köpfe, wie es viele Pioniere waren, die seinerzeit die Psychoanalyse zu ihrer Berufung gemacht haben«, so Nitzschke.

Doch daß sich nur vereinzelt Psychoanalytiker zu brennenden Zeitfragen zu Wort melden, liegt nicht zuletzt an der oft verkrusteten Ausbildung. Mit beißender Ironie empfahl Otto F. Kernberg, Präsident der Internationalen Psychoanalytischen Vereinigung, seinen Kollegen dreißig Methoden, die eventuell doch vorhandene Kreativität psychoanalytischer Ausbildungskandidaten zu zerstören. Kernberg geißelte die vordemokratische und von Autoritätsglauben gekennzeichnete Ausbildung: »splendid isolation«, nämlich wenig Austausch mit Nachbarwissenschaften und oft undurchsichtige und abhängigkeitsfördernde Entscheidungsstrukturen. Vor der endgültigen Zulassung zum Vollmitglied in der rigidesten der psychoanalytischen Verbände, der Deutschen Psychoanalytischen Vereinigung, muß der Anwärter – längst absolvierter Psychoanalytiker – eine schriftliche Arbeit vorlegen, über die in der Mitgliederversammlung befunden wird. Das Opfer des unwürdigen Initiationsrituals muß dabei artig vor der Türe bleiben. Und nur an wenigen Ausbildungsinstituten herrscht Transparenz und Offenheit unter Mitgliedern und Bewerbern über die Zulassung zum Lehranalytiker wie beim Düsseldorfer Institut für Psychoanalyse und Psychotherapie. Die fast lebenslängliche Infantilisierung längst im Beruf stehender Psychoanalytiker machen denn auch kritische Stimmen für die häufige Scheu und Empfindlichkeit, sich öffentlich zu äußern, verantwortlich.

Durch die Besonderheit der Ausbildung entstehen lebenslange Loyalitäten, gegen die nur ungern verstoßen wird: Da jede Psychoanalytikerin und jeder Psychoanalytiker eine langjährige Analyse bei einem älteren Kollegen absolvieren mußte und diese Ausbilder natürlich zugleich oftmals selbst ein Stück Psychoanalyse schrieben, indem sie bestimmte wissenschaftliche Positionen vertraten, fällt es ihren Schülern später oft schwer, unhaltbar gewordene Standpunkte ihrer Lehrer öffentlich zu verwerfen. Dankbarkeit und unaufgelöste Bindungen lassen so manchem spätere Kritik an wissenschaftlichen Positionen der Älteren wie Verrat vorkommen. Ironischerweise trifft dies selbst auf Otto Kernberg zu, der in erstaunlicher Weise die Erkenntnisse der modernen Säuglings- und Affektforschung ignoriert und ein Trieb- und Entwicklungsmodell beibehält, das seine Arbeiten bereits in wenigen Jahren antiquiert erscheinen lassen wird.

Unter diesen Umständen leidet natürlich die Diskursfähigkeit der Psychoanalytiker untereinander, die entweder besonders vorsichtig oder umgekehrt ausgrenzend und mit dem Mittel der Beschämung, wie der amerikanische Psychoanalytiker Francis Broucek feststellte, miteinander verfahren. Bezeichnend ist oft die vernichtende Tonlage, mit der übereinander hergefallen wird: Als der Psychoanalytiker Peter Kutter psychoanalytische Auftragsarbeiten auch für die Bundeswehr für möglich hielt und auch durchführte, glaubte sein Kollege Johannes Cremerius an einen Verrat an den Grundfesten der Psychoanalyse. Solche naiven Idealisierungen der Psychoanalyse und ihrer Betreiber machen den Gang aus der splendid isolation, die Kernberg diagnostizierte, schwer.

Oft wird erst im Alter, wenn der Betreffende bereits den Höhepunkt seiner psychoanalytischen Karriere erreicht hat, eine unabhängigere Sichtweise möglich. War Johannes Cremerius als Chef gefürchtet, setzte er sich – nachdem er die Position des »Vaters« durch die des »Großvaters« eingetauscht hatte – plötzlich vehement für psychoanalytische Ausbildungskandidaten ein.

Thea Bauriedl glaubt dennoch, daß Kernbergs Kritik eher auf amerikanische Verhältnisse zutrifft und sich weit mehr Psychoanalytiker mit politischen Fragen beschäftigen, als weithin sichtbar. »Daß nur wenige von uns auch direkt politisch aktiv werden, liegt sicher unter anderem daran, daß wir in der Ausbildung eingeschärft bekommen haben, daß alles Handeln, also zum Beispiel auch politisches Handeln, von Übel ist. Die Schwelle ist hoch, zumal man unter den Kollegen mit einem solchen Engagement nicht immer gut angesehen ist.« Die weitgehend intime, und damit auch äußerer Kontrolle entzogene Therapiesituation trägt mit dazu bei, daß Psychoanalytiker eine oft große Scheu haben, sich in ungewohnter Öffentlichkeit zu äußern. Hinzu kommt der immense wirtschaftliche Druck, der durch ständig sinkende Kassenhonorare entsteht. Das gegenwärtig übliche Stundenhonorar für einen Psychoanalytiker liegt unter dem eines Installationsbetriebes, in vielen Bundesländern werden Stundensätze von 70 Mark und weniger gezahlt; Tendenz weiter fallend.

Die Psychoanalyse müsse sich als Dienstleistung auf dem Markt sehen, bei dem sich bewährt, was wirklich dem Bedarf entgegenkommt, und dazu gehöre besonders die Zusammenarbeit mit anderen Schulen und Richtungen ohne Berührungsängste, fordert daher der Stuttgarter Professor Peter Kutter. Die möglichen Aufgaben gestalten sich durchaus bunt: gewalttätige und rechte Jugendliche, Beratung und Fortbildung von Polizei, Feuerwehr oder Richtern, Coaching von Managern und Umweltschützern und Konfliktberatung in sozialen Brennpunkten mit multikulturellen Konflikten. Kaum zu befürchten, daß unter diesen Umständen Psychoanalytiker zu »sprechenden Attrappen« mutieren, wie der Freiburger Psychoanalytiker Tilmann Moser manche seiner besonders ängstlichen Kollegen einmal nannte.

2

Ohne Konflikte läuft nichts

Die Beziehung zwischen Patient und Therapeut

Sigmund Freud wurde von seinen Zeitgenossen als »Schmutzfink aus der Wiener Berggasse« beschimpft. Zu lang, zu teuer, wenig erfolgreich und nur für die Reichen und Sprachgewandten sei Psychoanalyse geeignet, tadelt die aktuelle Kritik psychoanalytische Behandlungen. Eine umfangreiche Studie des Berner Psychotherapieforschers Klaus Grawe (1994) kommt zu dem Fazit: »Verhaltenstherapie ist im Durchschnitt hochsignifikant wirksamer als Psychoanalyse«. Die Psychoanalyse habe sich durch Erfolgsstudien nicht ausreichend legitimiert; zudem ändere sich nach 150 Stunden sowieso nichts mehr.

Mangelnde Wissenschaftlichkeit sieht der Aachener Psychoanalytiker und Therapieforscher Paul Dohmen jedoch bei Grawe selbst. Denn die Grawes Arbeit zugrundegelegten Vergleichsstudien seien nie unter praxisnahen Bedingungen vorgenommen worden. Sie entsprächen somit noch nicht einmal dem, wie üblicherweise ein Verhaltenstherapeut außerhalb von Laborbedingungen seine Patienten behandele. »Die Dauer der untersuchten Therapien lag im Durchschnitt unter zwanzig Stunden. Um mit Sepp Herberger zu sprechen, dauerte das Spiel keine neunzig Minuten, sondern wurde abgepfiffen, sobald die eigene Mannschaft 1 : 0 führte.«

Dohmen sieht in Grawes Studie eine Fülle von methodischen, statistischen und inhaltlichen Mängeln: »Wenn die für die Psychoanalyse ins Rennen geschickten ›Therapeuten‹ keine psychoanalytische Ausbildung haben, überrascht es nicht, daß sie auch keine sonderlich erfolgreichen Therapien zustande bringen.«

Wie also steht es nun um die Erfolge moderner psychoanalytischer Therapie, und wie geht es eigentlich in einer psychoanalytischen Behandlung zu?

Tatsächlich gehen gerade besonders kranke Patienten zum Psychoanalytiker, was notwendigerweise zu viel längeren und komplizierteren Behandlungen führt. Ein vorschneller Vergleich mit anderen Therapieformen verbietet sich schon deshalb, weil Einigkeit darüber besteht, daß bestimmte Erkrankungen am besten bei Verhaltenstherapeuten, andere, oft gravierende, jedoch bei Psychoanalytikern besser aufgehoben sind. Die Mehrzahl der Patienten mit eingegrenzten Angststörungen oder Abhängigkeitserkrankungen haben beim Verhaltenstherapeuten mehr Aussicht auf Erfolg, während Patienten mit schweren Neurosen und Persönlichkeitsstörungen erst in Langzeitbehandlungen der Psychoanalyse Besserung finden.

Selbst in Zeiten allgemeiner Kosteneinsparungsbemühungen schmerzt die Krankenkassen das Behandlungskontingent von maximal 300 Stunden analytischer Therapie kaum: Gerade mal 2,24 Prozent beträgt der Anteil für Psychotherapie an den Gesamtausgaben der Krankenkassen für vertragsärztliche Leistungen. Tatsächlich kommen aber viele schwerkranke Patienten auch mit dieser Behandlungsdauer keineswegs aus und finanzieren nach Ablauf der Leistungspflicht der Krankenkassen ihre Therapie selbst. Mit aller Selbstverständlichkeit werden in der somatischen Medizin über viele Jahre oder gar lebenslang chronische Erkrankungen wie etwa Rheuma behandelt, stellt der Aachener Psychoanalytiker Heiner Heister fest. Ein Großteil der Leiden, die ein Hausarzt oder Internist behandele, sei ehedem chronisch. Kein Mensch käme hier jedoch auf den Gedanken, diese Leistungen zeitlich zu begrenzen wie in der kassenfinanzierten Psychotherapie.

Zwar fordern Kassen und Teile der Ärzteschaft eine höhere Bewertung sogenannter sprechender Medizin gegenüber Apparatemedizin. Im krassen Widerspruch hierzu lassen jedoch viele Kassenärztlichen Vereinigungen die Stundensätze für Psychotherapie drastisch sinken. Dementsprechend stehen die Psychotherapeuten mit ihrem jährlichen Gewinn in Höhe von 81.000 DM an letzter Stelle der niedergelassenen Ärzte, die häufig Gewinne von über 200.000 DM erwirtschaften. Im Gegensatz zu anderen Fachärzten muß der Psychotherapeut die Kosten in Höhe von etwa 100.000 DM für seine Ausbildung selbst aufbringen. Langfristig droht diese Unterbewertung und Ausblutung von psychotherapeutischen Leistungen zu einer Zweiklassenmedizin zu führen. Denn Behandler, die eine bereits gut eingeführte Praxis haben und über viel Erfahrung verfügen, können sich ihre Patienten aussuchen. Patienten hingegen, deren Kassen besonders niedrige Stundensätze zahlen oder deren Behandlung voraussichtlich besonders kompliziert und für den Therapeuten auch anstrengend sein wird, landen häufig bei unerfahreneren Behandlern. Erfahrene Psychoanalytiker sind zudem vielfach mit der Ausbildung von Kandidaten befaßt, so daß ihr Praxisstundenkontingent zwangsläufig geringer ist als bei Berufsanfängern.

Künftig wird die Front jedoch nicht zwischen den einzelnen therapeutischen Verfahren verlaufen, sondern die Frage betreffen, ob überhaupt Psychotherapie bei schwerkranken Patienten angewandt wird oder Psychopharmaka – langfristig allemal teurer selbst als psychoanalytische Langzeitbehandlungen – eingesetzt werden. Denn da diese Behandlungen keine Konflikte zu lösen imstande sind, brechen sie in der Regel auch immer wieder auf, mit der Folge daß mit zunehmendem Alter Klinikaufenthalte oder Heimunterbringungen immer wahrscheinlicher werden.

Die Vertreter einer biologisch orientierten Psychiatrie verstehen psychische Erkrankungen vornehmlich als Stoffwechselstörung, die primär mit Medikamenten zu behandeln seien. Angesichts weiter zunehmenden Kostendrucks lautet die entscheidende Frage beim Umgang mit psychisch Kranken daher, welche finanziellen und emanzipatorischen Präferenzen sich eine Gesellschaft gibt, die nach einem Unwort des Jahres die Gestrandeten als »Wohlstandsmüll« abqualifiziert. Rechnet man jedoch die viel häufigeren Krankenhausaufenthalte und Arbeitsunfähigkeitstage psychotherapeutisch unbehandelter Patienten hinzu, so ist Psychotherapie nicht nur eine humane, sondern vielfach auch die kostengünstigere Behandlung. Doch dies dürfte die Lobbyisten der Pharmaindustrie kaum beeindrucken. Bisher jedenfalls laufen Honorarkürzungen, Lobbyarbeit und Auseinandersetzungen zwischen den verschiedenen ärztlichen Fachgruppen auf eine Schwächung der Psychotherapie hinaus – trotz gegenteiliger Lippenbekenntnisse.

Hinzu kommt eine Psychoanalyserezeption durch manche Printmedien wie »Der Spiegel« und »Die Zeit«, die mit der Wirklichkeit kaum etwas gemein hat, Patienten jedoch weitgehend verunsichert. Denn die Darstellung psychoanalytischer Verfahren und Theorien bezieht sich weitgehend auf den Kenntnisstand bis zum Jahr 1923. Daß mittlerweile Kurzzeitverfahren, fokussierte Techniken zur Stärkung von Ich-Funktionen oder zur Krisenintervention an der Tagesordnung sind, wird in der antiquierten Rezeption von Psychoanalyse regelmäßig unterschlagen. So wird in Zeitschriften aber auch an Universitäten durch dazu nicht ausgebildete Dozenten Psychoanalyse noch immer mit einem Triebmodell gleichgesetzt, das von kaum noch einem Psychoanalytiker geteilt wird.

Moderne psychoanalytische Behandlungen jedenfalls spielen sich heute nicht nur auf der Couch ab, nicht bloß in Einzelsitzungen und auch nicht nur über viele Jahre und mit mehrmaligen Sitzungen pro Woche. Denn längst ist das Spektrum der Psychoanalyse weit gefächert, entsprechend den Patienten, die bei Psychoanalytikern Rat suchen. Und das sind meist keine betuchten Oberschichtangehörige, sondern schwer gestörte Patienten, oft ohne Arbeit, in zerrütteten sozialen Verhältnissen lebend, nicht selten mit mehreren Psychiatrieaufenthalten. Häufig würde übersehen, so der in die USA emigrierte einflußreiche Schweizer Psychoanalytiker Léon Wurmser, »daß die Psychoanalyse spezifisch für schwerkranke Patienten geschaffen wurde, nicht für einigermaßen gut funktionierende, obzwar neurotisch unglückliche Individuen«. Die Analyse sei dann auch häufig »nichts weniger als eine Frage von Leben und Tod, zum mindesten eine solche von schwerer Invalidität und erhoffter Wiederherstellung«.

Bei vielen Patienten bestimmt die Strukturierung des Tagesablaufs, Ordnung und Bewältigung alltäglicher Konflikte und besonders die Regulierung von Affekten und Impulsen die Anfangsphase der Behandlung. Beispielsweise beginnen manche Behandlungen mit Hilfen bei Wohnungs-, Arbeitssuche oder Bewerbungen, um zunächst die desolate soziale Situation des Patienten zu verbessern: Angst vor Telefonaten oder Bewerbungsgesprächen, Scham- und Verlegenheitsgefühle gegenüber neuen Kollegen, die die gerade gefundene Stelle bedrohen, werden intensiv bearbeitet. Immer weniger finden sich Patienten, die von vorneherein mit Leichtigkeit über ihr Innenleben, ihre inneren Konflikte und ihre Zerrissenheit Auskunft geben können. Zahlreiche Patienten werden von Gefühlsstürmen überwältigt, ziehen sich in soziale Isolation zurück oder versuchen umgekehrt durch schnelle Beziehungswechsel und Promiskuität wirkliche Intimität, die ihnen zu bedrohlich erscheint, zu vermeiden.

Das mag auch zu Freuds Zeiten nicht anders gewesen sein, allerdings sind das diagnostische Spektrum und die therapeutischen Techniken heute so verfeinert, daß sich Psychoanalytiker im Einklang mit den Ergebnissen der Forschung viel mehr auf die Arbeit an der *therapeutischen Beziehung* konzentrieren. Denn was Patienten in ihrem Alltag am Arbeitsplatz mit Kollegen und Arbeitgebern, zu Hause mit Familie und Freunden unlösbar erscheint, spiegelt sich auch in der Beziehung zum Therapeuten wider. Die gleichen Konflikte, die den Patienten in die Analyse bringen, erleben Patient und Analytiker auch hier – wenn auch in gemäßigter Form und daher auch viel eher besprechbar und damit auch lösbar. Ängste vor zu nahen Beziehungen, die ein Patient alle eingegangen Bindungen immer wieder auflösen läßt, wird er auch gegenüber seinem Analytiker alsbald spüren. Wenn zum Beispiel aggressive Auseinandersetzungen bearbeitet werden können, die der Patient unbewußt immer wieder schafft, um auch die nahe Beziehung zum Analytiker zu zerstören, wird der Patient auch in seinem Alltag eher in der Lage sein, dauerhafte Beziehungen einzugehen und aus seiner Einsamkeit herauszukommen. Kerngedanke moderner Psychoanalyse ist daher, die innere Zerrissenheit des Patienten, die sich in seinen oft chaotischen psychosozialen Verhältnissen zeigt, in der therapeutischen Beziehung aufzugreifen und zu bearbeiten.

Dieses analytische Vorgehen, die therapeutische Beziehung in den Mittelpunkt zu stellen, wurde von Psychoanalytikern auf eine einfache Formel gebracht: Psychoanalyse sei »to get along together«, miteinander klarkommen. Was als Selbstverständlichkeit anmutet, ist Dreh- und Angelpunkt psychoanalytischer Technik: Miteinanderauskommen als Lernvorgang für Konflikte, die der Patient bislang in seinen Alltagsbeziehungen kaum bewältigen konnte und in der Therapie wiedererlebt und zu bewältigen lernt. Ziel ist es, daß der Patient diese neuen Erfahrungen und die wachsenden Kompetenzen auf sein Alltagsverhalten überträgt. Deutungen kindlicher Erfahrungen spielen dabei nicht unbedingt die vordringlichste Rolle. Wesentlich ist vielmehr, ob Patient und Analytiker die dem Alltag entsprechenden Konflikte miteinander besser lösen können – unter Zuhilfenahme des Verständnisses der frühkindlichen Konflikte, die der Patient innerhalb wie außerhalb der Behandlung wiederholt. Solche Wiederholungen verstehen Psychoanalytiker als immer wieder scheiternde Lösungsversuche: Die unbewältigte Konfliktsituation wird stets aufs neue aufgesucht und wiederhergestellt, auch um endlich zu einer angemesseneren und befriedigenden Lösung zu kommen. Dabei zu helfen, diese Lösungen zu finden, ist der Kern moderner psychoanalytischer Therapie.

Hierzu bedienen sich Psychoanalytiker heute neben dem Triebmodell, das weitgehend an Bedeutung verloren hat, drei weiterer modellhafter Ansätze: Der *ich-psychologische Ansatz* konzentriert sich auf die Verbesserung sogenannter Ich-Funktionen. Dazu zählen wichtige Fähigkeiten wie Impulskontrolle, Affektregulation, logisches Denken und die Integration von Widersprüchen, Spannungstoleranz, Handlungsaufschub und die Abgrenzung von anderen Personen.

Das Modell der *Objektbeziehungstheorie* betrachtet besonders die Wiederholung früherer, eventuell traumatischer Beziehungserfahrungen im Hier und Jetzt der therapeutischen Beziehung und im Dort und Jetzt außertherapeutischer Beziehungen: Welche Erfahrungen werden wie wiederholt und in Szene gesetzt, und welche Rolle spielen der Patient und der Analytiker dabei? Welcher Anteil des Patienten wird eventuell durch ihn selbst, seine Analytikerin oder Dritte übernommen? Oder welcher Beteiligte übernimmt Rollen der frühen Bezugspersonen? Ist es der Patient, der Analytiker oder ein Dritter – so lauten Fragen der Objektbeziehungstheorie.

Schließlich fragt der *selbstpsychologische Ansatz* zum Beispiel nach der Stabilität der Selbstgrenzen des Patienten, nach der Klarheit der Vorstellungen vom Selbst und von anderen, nach der Stabilität von Selbstregulationsmechanismen, dem eventuellen Auftreten von Selbstbefindlichkeitsstörungen, wie etwa starken Schwankungen zwischen Größen- und Unterlegenheitsgefühlen, nach Depersonalisations- oder Derealisationserscheinungen (also dem Gefühl, neben sich zu stehen, nicht man selbst zu sein, beziehungsweise daß die Umwelt irgendwie unwirklich oder wie hinter einer Glaswand erscheinen).

Diese Ansätze, einen Patienten zu verstehen, müssen sich keineswegs ausschließen; sie finden pragmatisch Anwendung in der Weise, daß jeweils ein Modell dem Patienten zum gegebenen Zeitpunkt mit den gegebenen Symptomen am besten gerecht wird oder die höchste Erklärungskraft besitzt. Auf diese Weise versuchen Psychoanalytiker ihre Patienten dort abzuholen, wo sie gerade stehen: in dem modernen wissenschaftstheoretischen Bewußtsein, daß »alles auch ganz anders sein könnte«, wie bereits der Tiefenpsychologe Alfred Adler immer wieder betonte.

3

Der Verlust der Phantasie

Kindliches Spiel droht in reale Handlungen überzugehen

»Ich würde mich ja gerne bremsen, aber die Wut ist schneller«, sagt der zwölfjährige Frederik mit einem gewissen Charme, wenn er auf seine maßlosen Wutanfälle angesprochen wird. Frederik wurde wegen Gewalttätigkeiten, Stehlens, Lügens, Weglaufens und schulischer Probleme in ein psychiatrisches Krankenhaus für Kinder- und Jugendliche aufgenommen. Einige Monate zuvor wurde er bereits einmal in alkoholisiertem Zustand von der Polizei im Strichermilieu aufgegriffen. Frederik mußte häufig tätliche Auseinandersetzungen seiner Eltern mitansehen, die für ihn genauso unerwartet kamen, wie Mißhandlungen durch den betrunkenen Vater. Erst auf massiven Druck des Umfelds wurden die Eltern tätig und stellten ihn den behandelnden Psychotherapeuten vor.

Immer mehr Kinder und Jugendliche leiden unter schweren Störungen: Nach Angaben des Statistischen Bundesamtes stieg die Zahl der nach Drogenpsychosen entlassenen 15- bis 24jährigen Patienten von 768 im Jahr 1993 auf 1507 im Jahr 1996 und die der wegen Persönlichkeitsstörungen und Neurosen behandelten Patienten im gleichen Zeitraum von 43701 auf 54150 an. Doch Entlassungen gestalten sich immer schwieriger.

»Häufig wissen wir gar nicht, wohin wir die Kinder entlassen sollen, Übergangswohnheime oder Langzeitheime sind heute fast die Regel, das war vor zwanzig Jahren noch ganz anders, als die meisten Kinder wieder in ihre Familien entlassen werden konnten. Doch von Familien kann man heute oft überhaupt nicht mehr sprechen«, sagt Elke Holz, Sozialarbeiterin in der Kinder- und Jugendlichenabteilung des Krankenhauses für Psychotherapie und Psychosomatische Therapie Tiefenbrunn bei Göttingen.

Allerdings, so die Hannoveraner Kinder- und Jugendlichenpsychoanalytikerin Sylvia Schües, seien Trennungskinder nicht unbedingt kränker als andere, entscheidend seien die Beziehungen zu den Eltern und anderen nahestehenden Personen. Die Beziehungsfähigkeit der von ihr ambulant behandelten Kinder und Jugendlichen verändere sich in den letzten Jahren aber dramatisch. »Die Behandlung«, so Schües, »besteht heutigentags eher über lange Strecken darin, die Patienten überhaupt behandlungsfähig zu machen.« Massive Bindungsängste und die Arbeit am sogenannten therapeutischen Rahmen stünden im Vordergrund der Behandlung. Immer weniger Kinder könnten sich auf klassische therapeutische Mittel der Kindertherapie wie das therapeutische Spiel mit Puppenhaus, Sandkiste oder Kasperlepuppen zur Bearbeitung unbewußter Konflikte einlassen. Vielmehr, so Schües, bestehe die heilende Wirkung der Behandlung vorwiegend im emotionalen Halt durch die therapeutische Beziehung.

Diese häufige Unfähigkeit zum kreativen Spiel ist vielen stationär wie ambulant behandelten Kindern gemeinsam: »Wenn die Spielfähigkeit durch eine Erfahrung, die das Weltvertrauen vernichtet hat, nicht entwickelt oder zerstört wurde, fehlt die Fähigkeit zur Symbolbildung«, sagt die Göttinger Psychoanalytikerin Annette Streeck-Fischer. »Das

Spiel dieser Kinder bleibt leer, inhalts- und phantasielos, oder es droht real zu werden: Kampf, Krieg oder Verfolgung können dann jederzeit in gewalttätige Handlungen ausarten.« Die Kinder können schlecht oder gar nicht zwischen phantasievollem Spiel und der Realität unterscheiden. Mit verheerenden Folgen: Spektakuläre Pressemeldungen über gespielte Hinrichtungen mit tödlichem Ausgang oder Attentate amerikanischer Kinder auf ihre Schulkameraden zeugen von aufgehobenen Grenzen zwischen Phantasie, phantastischem Film oder Roman und der raschen Umsetzung in reale Handlungen. Bilder in Film, Video und Fernsehen ersetzen zunehmend vorgelesene Geschichten, die die eigene Vorstellungskraft und Kreativität beim Ausmalen des Erzählten herausfordern.

Sylvia Schües sieht Gründe für die Abnahme der Symbolisierungs- und Beziehungsfähigkeit im immer häufigeren Mangel an zuverlässigen Beziehungen. »Mutter ist schon auf der Arbeit, wenn der Wecker klingelt, dann kommt der Hort, dann der Fernseher oder Computer, und schließlich kehrt die alleinerziehende Mutter abgetötet von der Arbeit heim, um sich dem Haushalt zu widmen.« Aufgrund eigener Überforderung stehe sie ihren Kindern oftmals emotional nicht ausreichend zur Verfügung. Moderne Erziehung werde so zur Verwahrlosung, wenn es nicht mehr sozialpolitische Unterstützung Alleinerziehender, Kinderbetreuungsmöglichkeiten und Familienhilfen gebe.

»Häufig besteht der Irrtum«, meint Schües, »die Eltern machten lediglich gravierende Fehler in der Erziehung, und man müsse ihnen nur ordentlich ins Gewissen reden. Dabei ist es ganz wichtig, daß die Kinder einen Raum für sich erhalten, denn die oft massiven Traumatisierungen haben zu schweren psychischen Erkrankungen der Kinder geführt.« Damit die Kinder in eine Behandlung einwilligten, sei die

Einhaltung der Schweigepflicht gegenüber Eltern von elementarer Bedeutung. Die Kinderanalyse ohne begleitende Behandlung der Eltern könne die Arbeit erleichtern, insbesondere, wenn die Eltern ihre Kinder zum Beispiel als emotionale Stütze an sich binden. Die Behandlung stärke dann das labile kindliche Selbstwertgefühl. Das Ziel begleitender Elterngespräche sei häufig, daß sich die Eltern eigene Hilfe woanders suchen, »denn die Kinder haben oft den Wunsch, daß man nicht mit ihren Eltern spricht«, hat Schües festgestellt.

Die Symptome von Jungen und Mädchen unterscheiden sich zum Teil gravierend. Jungen neigen viel mehr zu aggressiver Symptomatik und kehren ihr Leid nach außen, sagt die Münchener Kinder- und Jugendlichenpsychoanalytikerin Karin Schneider-Henn. Demgegenüber ziehen sich Mädchen mit ihren Problemen zurück und wenden Spannungen gegen sich selbst: Eßstörungen und Angst sind bei Mädchen sehr häufig. Mädchen fügen sich zudem bei aggressiven Spannungen oft selbst Schnitt- oder Brandwunden zu. Dieses selbstverletzende Verhalten findet sich bei Jungen kaum, die ihre Schwierigkeiten eher auf aggressive Wiese nach außen ausleben. Gründe dafür sieht Schneider-Henn im Umgang mit unsicherer Geschlechtsidentität: Mädchen verweigerten über Eßstörungen, besonders über Magersucht, die Annahme ihrer Weiblichkeit. Jungen träten eher die Flucht nach vorn an und agierten in einer Weise, die sie für besonders männlich hielten. Beiden seien jedoch die Zweifel über ihre psychosexuelle Identität gemeinsam, wenn auch die Art der Verarbeitung sehr unterschiedlich sei.

Ursachen für Orientierungslosigkeit und den Mangel an Beziehungsfähigkeit sieht Annette Streeck-Fischer unter anderem in den über Generationen weiterhin wirksamen Folgen des Nationalsozialismus. »Die damals erlittenen Traumata von Tätern und Opfern haben sich tief in Körper, Geist und Seele eingegraben. Über diese schrecklichen Erfahrungen wurde jedoch vielfach geschwiegen, Auseinandersetzungen mit der NS-Zeit verliefen nur punktuell und wirken familiarisiert in der Familie weiter.« Eine Reaktion auf den unverarbeiteten Nationalsozialismus mit seiner Idealisierung von Autoritäten sind Erziehungsvorstellungen vor allem der zweiten Generation, bei denen es an klaren Orientierungen und pädagogischen Grenzsetzungen mangelt, so Streeck-Fischer. Wegen der entstehenden Identitätsverunsicherung neigen Jugendliche dazu, sich häufiger mit ihren Groß- und Urgroßvätern zu identifizieren, die sie als stark und daher attraktiv ansehen: Supermännliches Verhalten und Skinhead-Gruppen knüpfen an ordnungsspendende Traditionen an, wo die Väter als Autoritäten versagen.

»Die Psychoanalyse hat zum umfassenden Verständnis von Störungen im Kindes- und Jugendalter beigetragen, aber auch dazu verleitet, die Realität und die tatsächlich erlittenen Erfahrungen der Kinder auszuklammern. Hier wurde Kindern und Jugendlichen mitunter Unrecht angetan. Obwohl bereits Sigmund Freud die Folgen realer Traumatisierungen als außerordentlich bedeutsam ansah, sind die tatsächlichen Erfahrungen von Kindern und Jugendlichen oft zugunsten der Vorstellung, es handele sich bei ihren Schilderungen um Phantasieprodukte, zurückgetreten. Wir müssen viel genauer untersuchen, was mit den Kindern tatsächlich passiert ist«, betont Streeck-Fischer. Gewalterfahrungen und sexuelle Übergriffe sind in ihrer Häufigkeit und Bedeutung für die kindliche Entwicklung unterschätzt worden. Kinder und Jugendliche mit schweren Traumatisierungen hätten, unterstreicht Streeck-Fischer, nicht nur anhaltende Probleme in ihrer seelischen Entwicklung. »Sie sind auch im Lernen beeinträchtigt und für körperliche Erkrankungen aufgrund psychobiologischer Veränderungen anfälliger. Als Jugendliche sind sie weit mehr gefährdet, zu Alkohol und Drogen zu greifen, kriminelle Entwicklungen oder Gewalterfahrungen zu machen, ob als Opfer oder als Täter.«

Die große Bedeutung traumatischer Kindheitserfahrungen hat auch weitreichende politische Dimensionen: Durch die Folgen von Kriegen und Bürgerkriegen suchen immer mehr Menschen in Deutschland Zuflucht, die in ihrer Kindheit schwersten Traumatisierungen ausgesetzt waren. Künftig werden sich Sozial- und Gesundheitspolitik um die rechtzeitige Behandlung von Folter-, Kriegs- und Traumaopfern kümmern müssen.

4

Gewaltkriminalität kennt keine schnellen Lösungen

Zur Psychodynamik gewalttätigen Verhaltens

»Gewalt ist einfach, ihre Alternativen sind komplex«, stellte der Konfliktforscher Friedrich Hacker fest. Vergleichbares gilt auch für Rufe nach raschen Lösungen durch härtere Strafen oder Ausweisung krimineller Ausländer. Denn erwachsene Gewaltstraftäter haben fast immer eine lange Karriere von anfangs kleineren zu immer schwereren Delikten durchlaufen, meist bereits in der Schulzeit beginnend. Erst allmählich entwickelt sich demnach die spätere dissoziale Identität des Täters, dem Gewalt als Mittel der Konfliktlösung und zur Abfuhr innerer Spannungen dient. Je eingeschliffener diese »Konfliktstrategie« erst einmal ist, desto schlechter wird die Legalprognose des Täters und desto geringer die Chancen auf nachhaltige Veränderung der Persönlichkeit. Bei manchen gefährlichen Straftätern bleibt daher nur noch Sicherheitsverwahrung unter humanen Umständen.

»Wenn wir von Gewalt und Kriminalität sprechen, haben wir zumeist erwachsene Täter vor Augen. Wir müssen uns jedoch darüber klar sein, daß der Beginn dieser Entwicklung bis weit in die Kindheit und Jugend zurückreicht«, erläutert der Baseler Psychoanalytiker Udo Rauchfleisch. »Je länger bei einem Menschen die dissoziale Entwicklung besteht, desto schwieriger ist es, nicht zuletzt auch wegen der sekundären Folgen wie finanzielle Verschuldung, Probleme bei der beruflichen Integration, Etikettierung als ›Delinquent‹, grundlegende Änderungen in der Persönlichkeit der Gewalttäter herbeizuführen.«

Der Anstieg der Jugendkriminalität ist deshalb so besonders erschreckend, weil er auf die Zunahme künftiger Gewaltstraftaten bei Erwachsenen verweist: In Nordrhein-Westfalen wuchs die Anzahl verurteilter Jugendlicher im Jahr 1996 gegenüber dem Vorjahr um 10,1 Prozent, während sie bei den Erwachsenen um 1,4 Prozent sank. Einen generellen Anstieg krimineller Gewalt gibt es demnach (noch) nicht, zumal die betroffenen Jugendlichen aus sozialen Brennpunkten entstammen. Denn das Gros der Jugendlichen bleibt straffrei. Die Gefahr besteht eher darin, daß sich innerhalb eines harten Kerns dissozialer Jugendlicher Verhaltensweisen so weit verfestigen, daß sie für den späteren Erwachsenen völlig ich-synton sind, das heißt, daß der Betreffende keinerlei Problemeinsicht, Leidensdruck oder Schuldgefühl hinsichtlich seines dissozialen Verhaltens besitzt.

Die Hoffnung, mit harten Vorgehensweisen seien die Probleme zu lösen, verdeckt die komplexen Entstehungsbedingungen der Gewaltkriminalität. Denn viel zu zahlreich sind die unterschiedlichen Formen krimineller Gewalt, als daß sie durch ein Allheilmittel zu bekämpfen wären: Beschaffungsdelikte bei Drogenabhängigkeit, Jugendkriminalität in sozialen Brennpunkten, dissoziale Persönlichkeitsstörungen mit geringer Frustrations- und Spannungstoleranz, Sexualstraftaten, Delikte als Ausdruck von Neid, Perspektiv- und Arbeitslosigkeit, gewalttätige Ressentiments gegenüber Ausländern und Behinderten haben teilweise sehr unterschiedliche Motive und Täterpersönlichkeiten. Allerdings entstammen nahezu alle diese so unterschiedlichen Tätergruppen sogenannten broken-home-Verhältnissen: Häufig wurde Gewalt bereits sehr früh am eigenen Leib durch Mißhandlungen seitens der Eltern, Geschwister, Verwandten, Nachbarn oder auf der Straße erlebt. Die früheren Opfer familiärer Gewalt, beschämender Kindheitsverhältnisse und sozialer Perspektivlosigkeit wechseln später oft die Fronten: Nicht länger auf der Opferseite reichen sie Demütigung und Ohnmacht an ihre Opfer weiter. Diese sogenannte Wendung vom Passiven ins Aktive dreht auf simple Weise den Spieß um: Nicht mehr ich bin es, der sich beschämt, unterlegen, schwach und minderwertig fühlt, sondern du, mein Opfer, bist es jetzt. Zudem kann der Täter sich selbst in seinem Opfer quasi sehen, ohne sich freilich erkennen zu müssen: Eigene erlebte Ohnmacht, Leid und Qual sind nun im Opfer »deponiert«. Ungeliebte und völlig unakzeptable Selbstanteile werden auf diese Weise nach außen verlagert; Psychoanalytiker sprechen von projektiver Identifikation: Projiziert wird die eigene frühere Opferposition, mit der sich das jetzige Opfer zwangsläufig identifizieren muß.

Eine völlig falsche Vorstellung sei es, meint Udo Rauchfleisch, das Problem mit höheren Strafen lösen zu wollen, auch wenn der Schutz der Öffentlichkeit vor allen anderen Maßnahmen Vorrang haben müsse. Denn Gefängnisaufenthalte können die Spirale von Scham und kompensatorischer Gewalt noch steigern: Straftäter träumen häufig vom perfekten Verbrechen, eine Größenidee, die sie endlich über alle als demütigend empfundenen Umstände und Widersacher triumphieren läßt. Die Gerichte und Öffentlichkeit fassungslos machende Tatsache, daß gerade auf freien Fuß gesetzte Täter erneut straffällig werden, nährt sich nicht selten aus dieser Motivlage: Die neuerliche Straftat soll die bei Verhören, Verhandlungen und Haft erlebten Kränkungen des labilen Selbstwertgefühls durch Größengefühle, Macht und Kontrolle über Opfer und Umstände in ihr Gegenteil verwandeln. Je kränkender und damit labilisierender Haftumstände für den Täter sind, desto wahrscheinlicher werden Straftaten nach der Entlassung als Kompensation der subjektiv empfundenen Demütigungen.

Intensive sozialtherapeutische Maßnahmen, die allerdings kostenintensiv sind, senken Rückfallquoten in erheblichem Ausmaß. Schwerste dissoziale Persönlichkeitsstörungen sind allerdings kaum noch therapeutisch beeinflußbar. Eben solche Tätergruppen wachsen jedoch unter den Bedingungen des gegenwärtigen Arbeitsmarktes und der sozialen Kälte heran.

Die Forderung, das New Yorker Vorgehen der sogenannten Nulltoleranz zu übernehmen und auch kleinste Überschreitungen zu ahnden, enthält erhebliche, auch psychologische Probleme. Zwar erweist es sich bei Freigängern, forensischen Patienten oder dissozialen Jugendlichen als falsch, erste Abweichungen zu tolerieren, da dies in aller Regel eine regressive Entwicklung mit immer mehr und immer schwereren Verfehlungen fördert. Doch andererseits stimuliert Nulltoleranz den Eindruck der Verfolgung und der ungerechten Behandlung, was bei paranoiden Tätergruppen erst recht zu Gewalttätigkeit führt, die zudem auch noch subjektiv als berechtigt erlebt wird.

Erheblich größere Chancen und vor allem auch kostengünstigere Möglichkeiten sozialtherapeutischer Korrektur liegen im Vorfeld. Dies betrifft vor allem die Förderung sozialer und Alltagskompetenzen, sowie Hilfe bei der Orientierung und Verbesserung der Berufsperspektiven gefährdeter Jugendlicher. Die Frankfurter Psychoanalytikerin Marianne Leuzinger-Bohleber und die Kasseler Pädagogin Ariane Garlichs fanden in einer Untersuchung Langzeitarbeitsloser selbst Akademiker in einem »desolaten psychischen und psychosozialen Zustand« vor. Personengruppen mit labiler Identität und mangelnden sozialen Kompetenzen, wie durchgängig bei Gewaltstraftätern, treffen solche verheerenden Lebensumstände ungleich härter, weil kaum Kompensationsmöglichkeiten bestehen. Da trotz Massenarbeitslosigkeit und dem Ende der Vollbeschäftigungsära eigene Arbeitslosigkeit als persönlicher Makel erlebt wird, wirkt diese demütigende Situation für gefährdete Gruppen ebenfalls gewaltfördernd.

Sozialtherapeutische Maßnahmen scheitern nicht selten am Mangel an Arbeitserprobungsmöglichkeiten, während zugleich durch Politiker öffentlich suggeriert wird, Arbeitslosigkeit sei Ausdruck mangelnder Motivation. Um so abwegiger ist es also, ausschließlich in Strafen und Sicherheitsverwahrung die Lösung zu suchen. Die nämlich müßte an den Ursachen der Gewaltspiralen ansetzen, also letztlich den sozialen Verhältnissen, in denen spätere Gewaltstraftäter aufwachsen.

Massive Gewalt wird fast ausschließlich von Männern ausgeübt, doch finden sich häufig Frauen mit zahlreichen Gewalterfahrungen im Umfeld, die unbewußt immer wieder ihre Opferrolle einnehmen. Therapeuten in Gefängnissen und forensischen Anstalten beobachten, daß sich über Kontaktanzeigen immer wieder Frauen mit Straftätern einlassen, die selbst in ihrem Leben Opfer familiärer Gewalt waren und so stets ähnliche Beziehungsmuster eingehen. Solange sich der Täter hinter sicheren Mauern befindet, »kontrollieren« die Partnerinnen die Beziehung. Wird der Mann entlassen, eskalieren Konflikte regelmäßig, und es kommt zur Trennung oder zu weiteren gewaltsamen Übergriffen. Diesen Wiederholungszwang verstehen Psychoanalytiker als unbewußten Versuch, die bisher stets im Desaster endenden Beziehungserfahrungen durch erneutes Aufsuchen der Konfliktsituation endlich zu einem konstruktiveren Ergebnis zu führen (vgl. Kap. 2). Da innere Grenzen und die Möglichkeit, sich gegenüber dem Partner abzugrenzen, bei solchen Paarkonstellationen regelmäßig fehlen, werden äußere Grenzen und Strukturen zur Regulation der Beziehung und von Nähe und Distanz benötigt. Im Extrem sind dies Frauenhäuser und Gefängnisse, die diese Funktion erfüllen.

Die Mitarbeiterinnen von Frauenhäusern treibt die ständige Wiederholung destruktiv-gewalttätiger Beziehungen durch ihre Bewohnerinnen oft zur Verzweiflung. Unverstanden bleibt dabei jedoch, daß innere Strenge und Grausamkeit sich selbst gegenüber die Frauen in Beziehungen treibt, in denen diese Strenge und dieser Sadismus durch den Mann quasi exerziert werden. Dies entlastet wenigstens von den inneren Verfolgern: Nicht mehr die betroffene Frau selbst verachtet sich und behandelt sich schlecht, weil sie es nicht anders verdient zu haben scheint, sondern der äußere Verfolger ist es nun, der diese Funktion ausübt. Solange also den Frauen ihre innere Grausamkeit unbewußt bleibt, wiederholt sich endlos die Gewalt in ihren Paarbeziehungen. Aus diesem Grund bestimmen wechselseitige verbale oder tätliche Demütigungen häufig die Dynamik gewalttätiger Partnerschaften.

Die Emotionalität der Gewaltdebatte führt Udo Rauchfleisch darauf zurück, daß man sich mit den hilflosen Opfern identifiziere. Tatsächlich finden erst allmählich die traumatischen Erfahrungen der Opfer mehr Beachtung, die jedoch immer noch oft ihrem Schicksal weitgehend überlassen werden. Angemessener Täter-Opfer-Ausgleich und eine Entschuldigung des Täters gegenüber dem Opfer sind Mittel, den Opfern ein Stück ihrer Würde zurückzugeben.

Doch den Ruf nach drakonischen Strafen könne man durchaus auch als Ausdruck eines Schuldgefühls verstehen, meint Udo Rauchfleisch, »spüren wir doch – zu recht! – daß die Gewalttäter Menschen sind, die an den zum Teil entwürdigenden Bedingungen unserer Gesellschaft zerbrochen und in die dissoziale Entwicklung getrieben worden sind. Insofern halten sie uns einen Spiegel unserer ›eigenen‹ Vergehen vor.« Letztlich falle der Schatten der Gewalt immer wieder auf uns selbst zurück. Offenbar werden in der lautstark geführten Debatte Ursache und Wirkung verwechselt, wenn statt nach Integration und sozialen Chancen lediglich nach Strafen für jene gerufen wird, die die allgemeine soziale Verelendung drastisch zum Ausdruck bringen.

5

Springerstiefel vermitteln Halt

Rechtsextreme Orientierungen von Jugendlichen

»Hast Du mich in Panorama gesehen?« »Nein, ich war aber in den Tagesthemen.« Den Dialog zweier randalierender Jugendlicher notierte ein Reporter während der Ausschreitungen in Rostock-Lichtenhagen. Öffentliche Beachtung finden nicht nur fremdenfeindliche oder rechtsextreme Äußerungen und Taten, große Aufmerksamkeit erhalten auch die Täter selbst. Das vor einiger Zeit bekanntgewordene Gewaltvideo von Bundeswehrangehörigen schickte der Hauptverantwortliche kurzerhand selbst an die Medien: Ganz offensichtlich überwog das Bedürfnis nach Selbstdarstellung die Furcht vor drohender Strafverfolgung.

»Da Gewalt immer auch fasziniert, schaffen diese Videos den Verfassern medienwirksame Aufmerksamkeit«, bemerkt der Aachener Psychoanalytiker Thomas Auchter. »Aufgrund der letztlich unaufgearbeiteten nationalsozialistischen deutschen Geschichte gewährleisten rechtsradikale Gesten und Äußerungen immer interessierte Reaktionen – Abwehr oder Zustimmung –, da darin das scheinbar Bewältigte, in Wirklichkeit aber Verdrängte Wiederauferstehung feiert. Solche Gewaltdarstellungen dienen dabei auch der Abwehr latenter Minderwertigkeits- und Schamgefühle bei den Verfassern.« Mit der immensen öffentlichen Beachtung stellt sich schlagartig die ersehnte narzißtische Aufwertung der eigenen Person ein, die oft genug entbehrt wurde. Narzißtisch nennen Psychoanalytiker Phänomene, die sich auf die Regulation des Selbstwertgefühls beziehen.

Tatsächlich verfügt das Gros rechter Jugendlicher keineswegs über ein geschlossenes ideologisches Weltbild. Statt dessen erfüllen rechtsextreme Ideologien für Jugendliche die Funktion einer »Plompe zur Selbststabilisierung«, wie Annette Streeck-Fischer feststellt: »Rechtsextreme Jugendliche fühlen sich als Mitglied der ›weißen Rasse‹, als Deutscher oder auch nur als Mann durch die Ideologie der Ungleichheit von Menschen aufgewertet. Die vielfältigen narzißtischen Beschädigungen können relativiert werden.« Nicht etwa eigene Unfähigkeit und Minderwertigkeit oder die zumeist fernen und gleichgültigen Eltern, Lehrer oder Ausbilder seien Schuld an der eigenen desolaten Lebenssituation. Statt dessen würden Feinde ausgewählt, die den Lebensraum und die Entwicklungsperspektiven zu zerstören schienen. Solche Erklärungen hätten befreiende und entlastende Wirkung, weil unerträgliche innere Konflikte und Spannungen auf äußere Feinde verlagert und dort bekämpft werden könnten, erläutert Streeck-Fischer weiter.

Eine bundesweite Studie des Vereins »Für Demokratie – gegen das Vergessen«, unter Mithilfe des brandenburgischen Innenministeriums, bestätigt diese psychosoziale Funktion rechter Ausschreitungen. Die Motivation liege in den meisten Fällen in »dumpfem Ausländerhaß und Intoleranz gegen alles, was anders ist«. Im wesentlichen handele es sich um »eine diffuse rechtsextremistische Orientierung« ohne »programmatisch-ideologisch gefestigte Weltanschauung«. Fremdenfeindliche Übergriffe seien »eher als Ventil für Aggressionen anzusehen und resultierten aus unbewältigten persönlichen Problemen«. Aufgeräumt wurde auch mit der

Annahme, die meisten Täter seien arbeitslos. Fast alle Tatverdächtigen waren Schüler, Auszubildende, Berufstätige oder Bundeswehrangehörige, allerdings auf sehr niedrigem Bildungsniveau. Deutlich zugenommen habe der Anteil der unter 18jährigen Tatverdächtigen.

Die Täter mögen eventuell unpolitisch sein, die Zunahme rechter Gewalt ist es jedoch nicht. Zwar dienen rechte Überzeugungen zur Orientierung und Stabilisierung der fragilen Identität. Doch können sich rechte Gewalttäter in die Rolle des verlängerten Arms von Politik und Bürger hineinphantasieren und dabei Erfolge verbuchen, die ihnen ein Gefühl von Stärke und Rechtmäßigkeit vermitteln. Denn als es 1991 in Hoyerswerda zu ausländerfeindlichen Übergriffen gegen eine Asylbewerberunterkunft kam, wurden die 80 Asylsuchenden einfach andernorts untergebracht. Und die Geschlossenheit der Bürger des brandenburgischen Gollwitz, wo man sich erfolgreich gegen ein Heim für Spätaussiedler jüdischen Glaubens zur Wehr setzte, zeigt, daß fremdenfeindliche beziehungsweise antisemitische Haltungen auch jenseits rechter Jugendlicher weit verbreitet sind. Die tagelangen und von vielen Bürgern bejubelten Pogrome in Rostock-Lichtenhagen unterstreichen die Existenz dieser weitverbreiteten Fremdenfeindlichkeit, die jedoch offen meist nur von gewaltbereiten Jugendlichen ausgedrückt wird.

Als Ordnungshüter oder Retter der Nation glaubten rechte Jugendliche, zentrale Aufgaben zur Sicherung der deutschen Nation zu übernehmen, so Annette Streeck-Fischer. Solche Größenphantasien, als mannhafter Held auszuführen, was Mehrheiten wünschen, sich aber nicht offen zu sagen trauen, werden maßgeblich durch Äußerungen führender politischer Repräsentanten genährt: Das Gerede von zu vielen Türken, von Asylantenschwemme oder »Beileidstourismus« angesichts der Forderung nach Anwesenheit von Mitgliedern der ehemaligen Bundesregierung bei Begräbnissen der Opfer rechter Gewalt, unterstütze einen Teufelskreis, meint Thomas Auchter. Opportunistische Äußerungen maßgeblicher Politiker werteten latente Ressentiments der Bevölkerung auf, was zu einer Verstärkung fremdenfeindlicher Einstellungen führe. Auch die Forderung nach rascher Rückkehr von Bürgerkriegsflüchtlingen durch führende Landespolitiker vermittelt den Eindruck, Fremde seien grundsätzlich unerwünscht und lediglich eine Last für das aufnehmende Land.

Fremdenfeindliche Taten entstehen fast immer aus einer Gruppe heraus. Die zumeist männlichen jugendlichen Täter trinken sich gemeinsam Mut und eine aggressive Stimmung an und schreiten erst dann zur Tat. Häufig bewegen sie sich an der Grenze zwischen Realität und Phantasie wie beim Abdrehen von Videos, die Phantasien in Darstellungen umsetzen, ohne daß die Szene völlig real wird, wie etwa bei einem Brandanschlag. Das Böse wird außerhalb der eigenen Gruppe verortet, was den Zusammenhang der Gruppe stärkt.

Wie wenig rechte Jugendgewalt mit rechtsextremen Ideologien zu tun hat, zeigt die Beliebigkeit von Opfern und Zielen: Behinderte oder Camper, Jugendzentren oder Schülertreffs, Besucher von Punkkonzerten oder einfach Passanten. Motivierend für Gewaltausbrüche sind nicht nur Schwächere, sondern einfach Menschen, die »anders« sind – und das können auch schon ein paar Passanten sein: eben ein »anderer«. Jeder rechten Ideologie oder Gewalttat ist die Idealisierung des Gleichen und die Bekämpfung und Entwertung von Grenzen und damit des Anderen, des Fremden eigen. Zugleich soll das nur scheinbar Andere oder vorgeblich Schwache, das an der eigenen Person unakzeptabel erscheint, am Gegenüber ausgemerzt werden.

Bis zur deutschen Wiedervereinigung wurden solche Projektionen eher im jeweils anderen Militärblock verortet. Tatsächlich stieg nach dem Wegfall des Eisernen Vorhangs und der mit ihm verknüpften Feindbilder nicht nur in Westeuropa die Zahl fremdenfeindlicher Ausschreitungen sprunghaft an. Auch in den Ländern des ehemaligen Ostblocks machen Skinheads Jagd auf Ausländer, wie zum Beispiel in Polen und Tschechien.

Der Frankfurter Psychoanalytiker Werner Bohleber macht auf die bei Rechten verbreiteten Vorstellungen vom Volkskörper aufmerksam, der sauber- oder reingehalten werden müsse. »Ein primitiver Hunger nach Gemeinschaft und eine Sehnsucht nach Verschmelzung mit dem kollektiven Ganzheitsobjekt der Nation kennzeichnet die rechtsextreme Ideenwelt.« Die Abwehr des bedrohlichen Fremden sichere scheinbare Konfliktfreiheit sowohl im Inneren des einzelnen Rechtsextremen als auch in seiner Gruppe. Das Andere und Fremde tauche dann als das Verunreinigende auf. Daher sei die Angst vor Vermischung und der Verlust der fragilen Identität eine Hauptangst aller rassistischen Fremdenfeinde, führt Bohleber aus. Parolen von Politikern über die drohende »Durchrassung« fördern solche Ängste. Die Gegenwart von Fremden erinnere an eigene Unsicherheit und Schwäche und stelle eine Infragestellung eigener Allmacht dar, so Bohleber. Die Tatsache, daß besonders männliche Jugendliche für rechte Gewalt anfällig seien, begründet sich in der Angst vor eigener Unmännlichkeit und Ohnmacht.

Angriffe gegenüber Schwächeren oder Minderheiten, zum Beispiel Behinderten oder Homosexuellen, sind als Bekämpfung eigener unbewußter Schwächen zu verstehen, die nicht ertragen und daher bei anderen bekämpft werden. Mit fatalen Folgen: Denn das auffallende Fehlen jeden Mitgefühls gegenüber den Opfern ist die Konsequenz der Projektion eigener Ohnmacht auf das Opfer. Die Hilflosigkeit des am Boden liegenden Opfers provoziert weitere Attacken, weil die eigene gehaßte Schwäche durch das Opfer verkörpert wird. Daher reizen bereits völlig wehrlose Opfer zu immer heftigeren Angriffen – oft bis das Opfer schwer verletzt oder tot zurückbleibt.

Charakteristisch für rechtsextremes Denken ist die Angst vor inneren Spannungen, Konflikten und Nöten, von Psychoanalytikern als Psychophobie bezeichnet. Die Angst vor dem eigenen Innenleben führt konsequenterweise zu einer Idealisierung von Handlung und Tat (eben »Faschismus«), die mit Kraft und Stärke gleichgesetzt werden. Entsprechend groß ist die Verachtung des Parlamentarismus, des »Geredes«. Auftrieb erhalten solche Muster gegenwärtig durch den Eindruck einer weitgehend handlungsunfähigen Bonner Regierungskoalition, die gemäß rechtsextremem Denken durch mächtige Führerfiguren zu ersetzen wäre.

Der vielbeschworene Werteverlust als Erklärung für rechtsextreme Ausschreitungen geht an der Psychodynamik rechtsextremer Jugendlicher vorbei: Die Übergriffe entstehen vielmehr aus einem Gefühl der Benachteiligung und Ungerechtigkeit, denen sich der Täter ausgesetzt glaubt. Das starre Wertesystem rechter Jugendlicher dient ihnen als Bollwerk gegen jene Gleichgültigkeit, Ellbogenmentalität und Perspektivlosigkeit, unter denen sie häufig aufwuchsen. Beliebigkeit von Wertüberzeugungen jedenfalls orten rechtsextreme Jugendliche eher in den politischen Verhältnissen, unter denen sie großwerden.

Daher hat die häufig zögerliche Haltung von Politik und Strafverfolgungsbehörden verheerende Folgen. Konsequente und frühzeitige Eingrenzung aller Formen von Übergriffen rechter Jugendlicher zerstört die Illusion, »im Auftrag« der schwachen Autoritäten gehandelt zu haben. Die Gratwanderung zwischen Untätigkeit und überzogenen Reaktionen weist jene staatlich-demokratische Autorität aus, die der

Sehnsucht nach Orientierung an akzeptablen Autoritäten nachkommt. Doch all das kann engagierte Jugendpolitik – besonders in den neuen Bundesländern – nicht ersetzen.

6

Die Logik des Zwangs

Über die Dynamik von Feindbildern und Militäraktionen

Allgegenwärtige Bereitschaft zu Ausschreitungen

Die Bilder wiederholen sich: Im Kosovo tobte eine entfesselte Soldateska gegen Zivilisten: Morde und Vergewaltigungen, Willkür und Vertreibungen wie bereits vor einigen Jahren in Bosnien-Herzegowina. Massenerschießungen, systematische Vergewaltigungen als Mittel der Kriegsführung und die Einrichtung KZ-ähnlicher Lager terrorisierten den jeweiligen Gegner während des Bosnien-Kriegs.

Ähnliche Szenen spielten sich nahezu zeitgleich in Borneo ab: Bugis, Chinesen, Dayak und Malayen gingen mit Macheten und Schußwaffen brandschatzend gegen die umgesiedelten Maduresen vor. Aufgebrachte Ureinwohner fuhren auf Lastwagen umher, um triumphierend die abgeschlagenen Köpfe ihrer ethnischen Gegner zu zeigen. Vergleichbare Bilder erreichen uns von Zeit zu Zeit aus Ruanda oder Somalia.

Im Kosovo wie andernorts sind es keineswegs einige wenige Psychopathen, die für die Ausschreitungen verantwortlich sind, sondern häufig bewaffnete Zivilisten – mit Duldung oder offener Akzeptanz der Bevölkerungsmehrheit: »Wir kämpfen bis zum letzten Albaner«»lautete ein zynischer Witz, der in Serbien die Runde machte.

Was bringt Menschen dazu, aus ihrem mehr oder weniger geordneten Alltag auszubrechen, um sich systematischen Menschenrechtsverletzungen hinzugeben? Wenn breite Mehrheiten Ausschreitungen solchen Ausmaßes dulden oder gar selbst begehen, kann plötzliche Skrupel- oder Gewissenlosigkeit einer kleinen Minderheit kaum die Ursache sein.

Im Gegenteil werden solche Übergriffe nicht etwa gegen oder ohne Gewissen begangen, sondern in vollem Einklang mit ihm. Denn bevor es zur gewalttätigen Explosion kommt, bestimmen anhaltende Ressentiments die Atmosphäre. Das Gefühl der Ungerechtigkeit und Benachteiligung, der man sich ohnmächtig ausgesetzt glaubt, koppelt sich mit der vorgeblichen Ursache des Unrechts: dem Feindbild. Fortan werden Spannungen in der eigenen Gemeinschaft auf die fremde Volks- oder Religionsgruppe projiziert. Das eigene Böse wird im Fremden verortet und dort konsequent mit aller Härte bekämpft. Typischerweise machen rasch Greuelmärchen von Grausamkeiten der fremden Gruppe an der eigenen Gemeinschaft die Runde, die trotz aller gegenteiliger Beweise gerne geglaubt werden. Solche Mythen liefern die Rechtfertigung, eben jene Grausamkeiten nunmehr selbst an der fremden Gruppe vollziehen zu dürfen.

Die unmittelbaren Täter wie ihre Claqueure geraten dabei häufig in Rauschzustände mit Grenzerfahrungscharakter: Gegenüber dem Gegner hat keine Grenze mehr die gewohnte Gültigkeit, alle Regeln sind außer Kraft gesetzt. Der Eindruck, alles zu vermögen, Herr über Leben und Tod zu sein und sich jenseits aller Begrenzungen zu bewegen, versetzt in solche rauschartigen Größengefühle. Allerdings geraten die Täter schnell in einen Teufelskreis. Denn ein Ende der Ausschreitungen würde wieder in die Beschränkungen des Alltags zurückführen. Die vormaligen Größengefühle müßten der Realisierung der eigenen Taten Platz machen, was kaum ohne Abgleiten in depressives und schuldhaftes Erleben möglich ist. Daher steigern sich einmal begonnene Übergriffe regelmäßig.

Obendrein werden moralische Anwürfe von außen oder reale – eventuelle militärische – Angriffe als massive Infragestellung der individuellen wie nationalen Größe erlebt und ebenfalls durch Steigerung der Ausschreitungen zu kompensieren versucht.

Grundsätzlich geht massiven Ausschreitungen das Gefühl tiefer Ungerechtigkeit voraus, der man sich einstweilen mehr oder weniger ohnmächtig ausgesetzt fühlt. Lange anhaltende Empfindungen von grober Benachteiligung oder schreienden Unrechts im Vergleich mit anderen ethnischen oder religiösen Gruppen bedürfen jedoch propagandistischer Bündelung, um zur Explosion zu führen.

Die subjektiven Ungerechtigkeitsempfindungen gründeten in Serbien auf schweren wirtschaftlichen und sozialen Problemen und systematischer Repression, die noch zwei Jahre vor Ausbruch des Kosovokrieges Großdemonstrationen gegen das Regime Milošević auslösten. Die Ausrufung eines Feindes hat die Funktion, die Gefahr inneren Zerfalls vorläufig zu bannen. Zusammenhalt und das Gefühl nationaler Größe werden mittels paranoider Verschwörungstheorien abgewehrt. »Wo ein Serbe ist, da ist Serbien«, stimulierte Slobodan Milošević zu Zeiten des Bosnien-Krieges nicht nur den Nationalstolz, sondern vor allem den Anspruch auf bedingungslose Dominanz durch die eigene Volksgruppe.

Die Dynamik von Feindbildern zur Abwehr innerer Erosionsprozesse und zum Aufbau von Größengefühlen schweißt die eigene Gruppe zusammen und erweckt den Eindruck, alles Böse käme von außen. Aus diesem Grund ist die im vorigen Kapitel erwähnte Vorstellung von der Reinheit des »Volkskörpers« für alle nationalen und ethnozentrischen Gruppen so bedeutungsvoll: Die Reinheit der eigenen Gruppe steht dem vermeintlich schmutzigen, verunreinigten oder irgendwie schlechten Fremden gegenüber, das dann konsequenterweise zu vertreiben oder zu eliminieren ist.

Je mehr sich der Druck auf die Volks- oder Religionsgemeinschaft steigert, desto weniger meldet sich innere Opposition. Zweifel am eigenen Tun werden immer weniger wahrscheinlich, da im Individuum der Eindruck entsteht, man stünde mit eventueller Kritik völlig isoliert da.

Der Eindruck, alle seien gleicher Auffassung und stünden zusammen gegen den Rest der Welt, weckt daher harmonische Gefühle von der großen Gemeinschaft, mit der Berechtigung, gegen vermeintliche Feinde mit allen Mitteln vorgehen zu dürfen. Serbische Greueltaten ließen hierzulande wiederum das Feindbild vom grausamen Serben entstehen, das über die eigene historische wie aktuelle Gewaltbereitschaft hinwegtäuscht und zudem das erhebende Gefühl stimuliert, zum gerechteren Teil der Welt zu gehören. Denn massive Ausschreitungen mit fremdenfeindlichem Charakter finden nicht nur fern von Deutschland statt. Als in Rostock-Lichtenhagen tagelang Asylbewerberheime von einem gewalttätigen Mob belagert wurden, entstand vor Ort ebenfalls auffällige Euphorie: Jeder Attacke folgte prompt der Jubel der Masse. Die gewaltbereiten Täter fanden laute Unterstützung durch breite Bevölkerungskreise. Täter wie Beifallklatschende machten dabei ebenfalls angebliche grobe Bevorzugungen von Asylanten und vorgebliche Ungerechtigkeiten den Deutschen gegenüber zur Rechtfertigung ihres scheinbar gerechten Handelns.

Die Bereitschaft zu Grausamkeiten gegenüber fremden Gruppen ist ubiquitär. Jeder Gemeinschaft – ob demokratisch oder totalitär – wohnt die Gefahr einer Regression auf archaische Feindbilder inne. Letzte Sicherheit vor dem

Rückfall in fremdenfeindliche Ausschreitungen existiert nicht. Die Fähigkeit zum Zusammenleben mit anderen, Andersgläubigen und Fremden muß immer wieder neu gepflegt und den Umständen angepaßt werden. Die bittere Erkenntnis aus den Balkankriegen, aus Rostock-Lichtenhagen und anderen Konflikten lautet: Jede Gesellschaft kann ihre Fähigkeit zu Toleranz und Liberalität verlieren. Es bedarf immerwährender Anstrengungen, den Anfängen zu wehren. Sie setzen allerdings sozialpsychologische Auslöser voraus: Ressentiments, subjektive Ohnmacht und die Überhöhung der eigenen Gemeinschaft gegenüber der angeblich minderwertigen fremden Gruppe benötigen dann nur noch den propagandistischen Zünder, um zum Brand zu werden. »Niemals«, resümierte Blaise Pascal, »tut man so gut und so vollständig das Böse, als wenn man es guten Gewissens tut.«

Zur Sozialpsychologie militärischer Eskalationen

Neben den geopolitischen Erwägungen der Nato im allgemeinen und der USA im besonderen, auf die die Frage nach den Motiven militärischen Eingreifens im Kosovo jedoch nicht reduziert werden kann, spielen auch emotionale Beweggründe eine wesentliche Rolle. Zu Beginn des Kosovokrieges äußerte Bundesverteidigungsminister Rudolf Scharping: »Ich kann dieses Ohnmachtsgefühl viel schwerer ertragen als den einen oder anderen bangen Gedanken bei der Frage, ob ich politisch ganz grundsätzlich, aber auch menschlich gegenüber den Soldaten und ihren Familien rechtfertigen kann, daß militärische Mittel mit einem ernsten Risiko eingesetzt werden« (Frankfurter Rundschau vom 27.3.1999).

Damit werden politische Grundsatzentscheidungen, deren Tragweite kaum absehbar sind, erklärtermaßen zur Emotionssache – die Vernunft bleibt dabei auf der Strecke. Denn offenkundig regiert in emotional aufgeladenen Krisensituationen weniger der Sachverstand mit der Abwägung der Ziele und ihrer Erreichbarkeit – ganz abgesehen von völkerrechtlichen Fragen – als vielmehr das Bedürfnis, sich seiner Ohnmachts- und Hilflosigkeitserlebnisse zu entledigen. Daß es sich bei Regimen wie dem des Saddam Hussein oder des Slobodan Milošević um skrupellose Unterdrücker ohne jede Bedenken handelt, steht außer Frage. Allerdings offenbart die Äußerung Scharpings, daß Zweifel und Skrupel angesichts möglicher fremder wie eigener Opfer zweitrangig geworden sind. Die Machtdynamik despotischer Regime und ihrer Abwehr von Ohnmacht durch Gewalt ist letztlich ansteckend. Dem stehen naive Parolen wie »Frieden schaffen ohne Waffen« gegenüber, die wiederum die Frage nach der moralischen Verantwortung angesichts von Völkermorden leugnen. Die angemessene Überlegung, ob und mit welchen Opfern Diktatoren wie Hussein oder Milošević oder Völkermorde wie in Somalia oder Ruanda gestoppt werden können, und vor allem, ob das ohne UN-Mandat erfolgen darf oder ob gegenteilig Interventionen das Chaos eventuell steigern, wird aus emotionalen Gründen nicht konsequent zu Ende gedacht.

Konzeptionslosigkeit für die Zeit nach Militäreinsätzen lautet regelmäßig der Vorwurf gegenüber Nato oder Uno, wenn es um die Beendigung von Konflikten mit militärischen Mitteln wie in Somalia oder Irak, Bosnien-Herzegowina oder im Kosovo geht. Die weitgehend unreflektierte Strategie des Westens war es zunächst, die Regime von Milošević und Hussein überleben zu lassen oder gar zu unterstützen, um vorgeblich das Allerschlimmste verhüten zu können.

Über Dimensionen und Tragweite der jeweiligen Konflikte sollen dann – vermeintlich in der Sprache der Militärs –

Begriffe wie »Luftschläge«, »militärische Operationen« oder »Kollateralschäden« hinwegtäuschen. Doch tatsächlich taumelte die Nato bar jedes umfassenden politischen Konzepts in einen Krieg gegen Jugoslawien. Denn das erklärte Ziel – Belgrads Unterschrift unter den Vertrag von Rambouillet – konnte keine Lösung darstellen, noch vermochte es weitere kriegerische Balkankonflikte zu verhindern.

Statt dessen muß man die Dinge zu Ende denken. Das würde bedeuten, die Logik diktatorischer Systeme à la Milošević oder Hussein und die Konfliktdynamik zwischen ihnen und dem Westen zu untersuchen.

Militärische Eskalationen sind durch den weitgehenden Verlust an flexiblen Entscheidungsmöglichkeiten und Gestaltungsalternativen geprägt. »Der Nato blieb keine andere Wahl«, charakterisierte Frankreichs Präsident Chirac ungewollt, aber treffend diese Zwangslage angesichts des Krieges gegen Jugoslawien. Ähnlich äußerte sich der amerikanische Präsident Bill Clinton angesichts der Bombardierung Bagdads Anfang 1999. Ratlosigkeit und das Fehlen von Lösungen korrespondieren mit der sozialpsychologischen Machtdynamik der vermeintlich gegnerischen Regime, denen es gleichfalls an politischer Gestaltungsfreiheit fehlt. Reflektierte Politik wird unter solchen Umständen durch weitgehend unbewußte Entscheidungszwänge ersetzt, die sich erst offenbaren, wenn der jeweils nächste Eskalationsschritt ansteht – und kaum noch vermeidbar ist.

Machthaber wie Milošević und Hussein können politisch und persönlich nur solange überleben, wie ihre Macht durch kriegerische Konflikte aufrechterhalten wird. Andernfalls müssen sie mit Sturz und Aburteilung vor dem Internationalen Gerichtshof in Den Haag rechnen; letzteres ist für Milošević bereits eingetreten. Auch ihnen bleibt also – ebenfalls! – keine Wahl. Saddam Hussein führte nach dem Ende des Golfkriegs konsequenterweise ebenfalls weiterhin Krieg – gegen Minderheiten und Oppositionelle im eigenen Land. Daraus ergeben sich erschreckende Perspektiven, die im Westen verdrängt und zu jenem merkwürdigen Fehlen von Debatten und Konzepten führen.

Wie in jedem ernsthaften militärischen Konflikt ergeben sich nahezu unlösbare Dilemmata: Miloševićs Macht endete (bislang) nicht durch militärischen Druck des Kriegs. Im Gegenteil, in Serbien versammelte sich gerade unter dem Eindruck des Kriegs die bisherige Opposition hinter ihrem Präsidenten. Umgekehrt führte im Vorfeld das Ausbleiben militärischer Aktionen seitens der internationalen Gemeinschaft oder der Nato ebenfalls zu einer Stärkung des despotischen Regimes – da es sich als scheinbar omnipotent erwies. Beide Varianten führen zu weiteren Kriegen, Vertreibungen und Völkermorden, mit dem Zwang für das betroffene Regime, immer neue Feindbilder auszumachen und gegen sie vorzugehen. Wie man es auch dreht: Ein Ende solcher militärischer Konflikte hat das Ende des Regimes zur Voraussetzung. Daß aber durch Kriege despotische Regime zu Fall gebracht werden, weil sich die Bevölkerung auflehnt, ist eher die Ausnahme. Sozialpsychologisch entsteht fast immer eine breite Welle der Solidarisierung mit der Regierung und ihren Führern. Tatsächlich gab es auch in Deutschland während des Zweiten Weltkriegs keinen nennenswerten politischen Widerstand; lediglich einzelne Bürger versuchten, anderen zur Flucht zu verhelfen oder sie zu verstecken. Gegenteilige Hoffnungen oder gar Aufrufe kriegsführender Nationen, die Regierung zu stürzen, sind völlig illusorisch und wirken auf die Opfer des Krieges zynisch. Erst ein einigermaßen gesicherter Alltag, die Versorgung mit Grundnahrungsmitteln und andere Lebensnotwendigkeiten lassen die innere Freiheit entstehen, Fragen zu stellen und sich zu empören.

Obendrein bewirken Militäraktionen – mindestens kurzfristig – das Gegenteil dessen, was angeblich beabsichtigt war: Durch den steigenden Binnendruck in Serbien nahmen die Ausschreitungen gegen Zivilisten noch zu. Gerade durch Krieg werden die bereits aufgebauten Feindbilder bestätigt und verstärkt, die Rechtfertigung für Mord und Vertreibung sowie massive Repression gegen die wenigen Oppositionellen geliefert.

Für die ehemaligen Sympathisanten der Friedensbewegung bedeuten die Balkankriege die schmerzliche Erkenntnis, angesichts von Vertreibung und Mord nicht unschuldig bleiben zu können. »Saubere Lösungen« zu suchen, wie bei der vergangenen Ost-West-Konfrontation durch Abrüstung und Parolen wie »Frieden schaffen ohne Waffen«, hieße, die historische Verantwortung zu leugnen, die angesichts der deutschen Geschichte aus Krieg und Massenvernichtung erwächst. Die Ablösung von der Generation der Täter kann nicht in rigider Gewaltvermeidung bestehen, sondern nur in der vernunftgeleiteten Überlegung, welche Vorgehensweisen humanitären Gesichtspunkten am meisten gerecht werden. »Nie wieder Krieg« darf nicht zum emotional gesteuerten Vermeidungsverhalten gegenüber jeder Gewalt führen, um nur ja nicht der Generation der Täter durch kriegerische Handlungen allzu nahezukommen. Die Illusion der Schuldlosigkeit geht damit verloren. Erst die Übernahme von politischer Verantwortung in dem Wissen, niemals schuldlos bleiben zu können, bietet die Möglichkeit, unter humanitären Gesichtspunkten Entscheidungen zu treffen, die immer auch menschliches Leid hervorrufen.

Angesichts humanitärer Katastrophen müssen wir uns demnach fragen, was wir zu tun bereit sind und um welchen Preis – und zwar bevor Zwangslagen Entscheidungen unmöglich machen. Andernfalls werden wir zu Marionetten der

Zwänge kriegerischer Auseinandersetzungen. Nach einem ausgesprochenem Ultimatum bestimmt der Empfänger der Frist das Geschehen, nicht der Absender. Ein Ende der Eskalation ist dann nicht mehr kontrollierbar.

7

Drogen sind nicht das Problem

Zwanghafter Drogenkonsum und schwere innere Konflikte

»Wir sind doch hier die Station der Hoffnungslosen«, sagt Stationsschwester Helga einer großen Entgiftungseinrichtung mit einer Mischung aus Resignation, Verzweiflung, Zorn und Verachtung. Um sich gleich darauf wieder geduldig ihren Patienten zuzuwenden, die sie oft seit Jahren kennt und die immer wiederkommen – schwer intoxikiert und häufig in immer desolaterem Zustand. Peter W. ist so ein Patient. Seit über zehn Jahren konsumiert er täglich hohe Dosen an Heroin und Alkohol, aber auch Haschisch und Designerdrogen, wenn Heroin gerade nicht verfügbar ist. Seine Sucht finanziert er durch Gelegenheitsjobs, die er schnell wieder verliert, Beschaffungskriminalität und gelegentliche Prostitution. Alle bisherigen Hilfsangebote, die er zunächst annahm, hat er in plötzlichen Impulsen abgebrochen, nach kurzzeitiger Anpassung an die Therapieeinrichtung erneut alle Regeln zwanghaft durchbrochen und über seine Helfer triumphiert – bis er erneut zerknirscht und in lebensbedrohlichem Zustand zur Aufnahme kommt. Schwester Helga erlebt eine Gefühlsachterbahn: »Natürlich wissen wir alle, daß unsere Gefühle von Ohnmacht und Zorn ein genaues Abbild unserer Patienten sind. Aber ganz freimachen kann man sich davon nie. Ein Hauptteil unserer Arbeit besteht darin, immer wieder neu eine Haltung freundlicher Distanz zu finden.«

Tatsächlich verlaufen Behandlungen nicht selten nach einem typischen Muster: Nach einer ersten Phase der Anpassung erleben die Patienten ihre Therapie als bedrohliche Enge und brechen aus der vermeintlich spießigen Welt aus – in das, was sie oftmals als Freiheit bezeichnen. Besonders auffällig ist dabei, daß Therapieabbrüche häufig erfolgen, nachdem die Entgiftung bereits erfolgreich durchlaufen wurde. »Drogen sind nicht das Problem«, sagt deshalb der in den USA lebende Schweizer Psychoanalytiker Léon Wurmser. Er verweist auf die zahlreichen Symptome schwerer Persönlichkeitsstörungen, die dem Drogenkonsum immer vorausgingen. Und die bestehen natürlich auch nach erfolgreicher Entgiftung weiter. Daher sind Methadonprogramme zwar bei bestimmten Patienten sinnvoll, doch nur begrenzt wirkungsvoll. Denn an den schweren inneren Konflikten, weniger der physischen Abhängigkeit, scheitern therapeutische Bemühungen häufig.

Zur Verzweiflung bringt Therapeuten zum Beispiel die durchgängige Unfähigkeit Schwerstabhängiger, sich mit ihrem Innenleben auseinanderzusetzen. Kaum in der Lage, eigene Gefühle wahrzunehmen oder zu benennen, neigen sie dazu, alle Arten von Spannungen, Enttäuschungen oder Ideen augenblicklich in Handlungen zu verwandeln. Süchtige halten ihr inneres Erleben nicht fest – und auch nicht aus. Doch Psychotherapie lebt davon, Handlung aufzuschieben und sich mit Ängsten, unbewältigten inneren Konflikten und Wünschen zu beschäftigen. Die Droge übernimmt oftmals eine äußere Steuerung des Gefühls- und Innenlebens, wo innere Regulationsmechanismen nicht zur Verfügung stehen: Betäubung von Angst und Verzweiflung durch den Rausch, Abwehr depressiver, antriebsloser Phasen durch Amphetamine (»Speed«). Während der Behandlung verlangen viele

Patienten daher auch ständig nach Medikamenten – als Ausdruck der Hilflosigkeit, mit sich selbst umzugehen. Moderne Säuglings- und Kleinkindforschung weist mittlerweile die wichtige Rolle der ersten Bezugspersonen nach, Affekte gemeinsam mit dem Kind zu regulieren oder Impulse zu kontrollieren. Drogenabhängige stammen zwar gehäuft aus sozial zerrütteten Verhältnissen; gerade aber in etablierten Kreisen sind Designerdrogen »in«.

Hinzu kommt eine Störung der Gewissens- und Steuerungsinstanz, des Über-Ich, die heftige Reaktionen im Umfeld auslöst. Drogenabhängige lassen sich häufig nur kurzfristig auf Regeln und Absprachen ein, die sie aus innerem Zwang heraus immer wieder übertreten und zerstören. Resultat ist eine endlose und unfruchtbare Spirale von Disziplinierungs- und Bestrafungsmaßnahmen durch Therapieeinrichtungen und Gerichte und nachfolgende erneute Regelverletzungen der Patienten. Diese Rotation von Ohnmacht und Machtausübung führt regelmäßig zu heftigen aggressiven Reaktionen gegenüber Drogenabhängigen, die sich auch in der politischen Diskussion widerspiegeln.

Die Gruppe der gelegentlichen Konsumenten, die aus Neugier und dem Wunsch, neue Gefühle zu erfahren, mit Drogen experimentieren, ist unbedingt von Langzeitabhängigen zu unterscheiden, deren Drogenkonsum mit hoher Intensität über lange Zeiträume zur oft völligen psychosozialen Verelendung führt. Tatsächlich werden nur relativ wenige Konsumenten, die irgendwann in ihrem Leben Kontakt zu Drogen haben, dauerhaft abhängig. Regelmäßiger Konsum harter Drogen wie Heroin, Kokain oder synthetischer Stoffe wird in Deutschland von etwa 300.000 Personen betrieben. Zwar ging die Zahl der Drogentoten 1997 um 12 Prozent auf 1501 zurück. Allerdings greifen immer jüngere Leute zu immer härteren Drogen.

Abwegig sind Behauptungen von Gesundheitspolitikern, jeder Jugendliche könne in den destruktiven Strudel von Drogenkonsum, nachfolgenden medizinischen und psychischen Konflikten und Kriminalität bis hin zur massiven Verelendung hineingeraten. Solche Behauptungen täuschen über die bei zwanghaftem Drogenkonsum immer bereits bestehenden schweren inneren und familiären Konflikte hinweg, die nicht zuletzt auch auf dem Hintergrund sozialer Zerrüttungsprozesse erwachsen. Nicht nur die Droge bewirkt das Außenseiterdasein, sondern die schweren und bereits lange bestehenden Persönlichkeitsstörungen, die sowohl zu Drogenkonsum als auch zu sozialem Rückzug oder massivem Agieren führen. Dem Faktor physischer Abhängigkeit komme im großen und ganzen geringere Bedeutung zu: »Bereitschaft ist alles«, so Léon Wurmser. Haschisch ist daher keineswegs automatisch der Einstieg für harte Drogen.

Den Konsum illegaler Drogen hält Wurmser weder für normal noch für pathologisch: Das Ausmaß an »Zwanghaftigkeit, Unersättlichkeit, Getriebenheit bestimmt den Pathologiegehalt«. Bei den Konsumenten illegaler Drogen ist die Pathologie in der Regel besonders schwer: »Je unzulänglicher eine Droge ist und je beladener mit sozialer und rechtlicher Ablehnung, um so schwerer ist gewöhnlich die Psychopathologie. Mit anderen Worten, der zwanghafte Alkoholiker oder Nikotinsüchtige weist eine wesentlich geringere Psychopathologie auf als jemand, der zwanghaft (oder auch nur gelegentlich) Heroin, LSD oder Kokain konsumiert.« Mit dem Grad an Illegalität der Droge in der betreffenden Kultur wächst das Ausmaß der für Konsum und Beschaffung notwendigen Grenzüberschreitungen – mithin der Dissozialität und des schweren destruktiven Agierens.

Da es keine einheitliche Gruppe von Drogenkonsumenten gibt, stellen Allheilmittel eher Erlösungsvorstellungen dar, die Ohnmacht und Hilflosigkeit abwehren. Die hartnäckige Weigerung konservativer Politiker, kontrolliert Drogen an Schwerstabhängige abzugeben, die therapeutisch nicht erreichbar sind, beruht auf der irrigen Annahme, für alle Drogenkonsumenten sei ein suchtfreies Leben möglich. Angemessen sind statt dessen auf die unterschiedlichen Konsumentengruppen zugeschnittene Modelle: Vorbeugung durch konsequente Sozial- und Jugendpolitik, um den Nährboden für schwere psychische Erkrankungen, die Drogenprobleme fördern, auszutrocknen. Therapiemöglichkeiten und Einrichtungen für Abhängige, die langfristig oder wenigstens über einen begrenzten Zeitraum drogenfrei leben können. Und schließlich Fixerstuben, niedrigschwellige Angebote sowie ambulante oder stationäre Begleitung jener, die sonst hoffnungslos überfordert sind und durch unangemessenes Bestehen auf Drogenfreiheit immer weiter in ihr soziales, physisches und psychisches Elend getrieben werden. Rückfälle dürfen daher nicht als Katastrophe betrachtet werden.

Die heftigen emotionalen Reaktionen gegenüber Drogenabhängigen ähneln bisweilen jenen, denen sie gelten; schnelles und drastisches Handeln wird psychischen Konflikten selten gerecht. In den Worten des amerikanischen Publizisten Henry Lewis Mencken: »Es gibt immer eine einfache Lösung für jedes menschliche Problem – einleuchtend, plausibel und falsch.«

8

Pädophilie

Täter und Opfer

Beate S. wurde seit ihrem zehnten Lebensjahr von ihren Adoptiveltern in Gespräche über Eheprobleme und sexuelle Schwierigkeiten und Wünsche hineingezogen. Bis ins Detail schilderten die Eltern ihre sexuellen Praktiken gegenüber ihrem einzigen Kind, das als Vertraute, Ratgeber und Elternersatz für die Eheleute fungierte: Sexueller Mißbrauch hat viele Gesichter.

Reißerische Pressemeldungen über Kindesmorde lenken die öffentliche Aufmerksamkeit auf spektakuläre pädophile Straftaten. Tatsächlich aber blieb in der Bundesrepublik die Zahl pädophiler Kindestötungen seit vielen Jahren unverändert: Weniger als zehn Kinder fallen ihnen jährlich zum Opfer. In krassem Gegensatz hierzu steht die Anzahl sexueller Übergriffe im häuslichen Umfeld. Repräsentative Befragungen fehlen bisher allerdings.

Rückblickend untersuchte eine Studie der Kölner Klinik für Psychiatrie und Psychotherapie des Kindes- und Jugendalters knapp 1.000 Berufsschul- und Studienanfänger. Sexuelle Mißbrauchserfahrungen hatten nach eigenen Angaben 21 Prozent der weiblichen und 8 Prozent der männlichen Interviewten bis zu ihrem 14. Lebensjahr gemacht. Bei immerhin mehr als der Hälfte der Mädchen und 12 Prozent der

Jungen kam es im Rahmen des Mißbrauchs auch zu Körperkontakten. Über schwerste Übergriffe mit Anal-, Oral- oder Geschlechtsverkehr sprachen insgesamt elf (also ca. 1 Prozent) der knapp tausend Befragten. Je näher der Täter dem Opfer durch Bekanntschaft oder Verwandtschaft steht, desto schwerwiegender und langwieriger waren die Übergriffe. »Mißbrauch mit oraler, analer oder genitaler Penetration«, so die Verfasserin der Studie, die Siegburger Ärztin Katharina-Susann Müller, »dauerte im Mittel über vier Jahre, während die Dauer der weniger schwerwiegenden Mißbrauchsformen im Mittel unter einem Jahr lag.«

»Man darf aber sexuellen Mißbrauch nicht isoliert betrachten«, sagt die Hamburger Psychoanalytikerin und Sexualforscherin Hertha Richter-Appelt, »da andere Formen der Vernachlässigung in der öffentlichen Aufmerksamkeit sonst zu kurz kommen. Wenn Kinder nichts zu essen haben, schlecht gekleidet sind, muß man sich nicht wundern, wenn sie auch leichter verführbar sind, besonders hinsichtlich sexuellen Mißbrauchs, der nicht mit Gewalt einhergeht.« In gehobeneren Schichten komme es eher zu sexuellen Übergriffen ohne Anwendung massiver Gewalt, oft jedoch in einem Klima emotionaler Verwahrlosung. Körperliche Mißhandlungen, zum Teil mit Sexualmißbrauch, fänden sich vermehrt in unteren Schichten, resümiert Richter-Appelt eigene Untersuchungen.

Wie gravierend die Folgen sind, hängt vom Alter zum Zeitpunkt des Mißbrauchs, von der Dauer und Häufigkeit und der erlebten Gewalt ab. In erster Linie entscheidend ist jedoch die Beziehung zum Täter und die nachfolgende Unterstützung durch enge Bezugspersonen. »Mißbrauch in den Familien ist deshalb so destruktiv«, sagt der Düsseldorfer Psychoanalytiker Mathias Hirsch, »weil er in den für das Opfer wichtigsten Beziehungen stattfindet und sie zerstört.

Ein unbekannter Exhibitionist kann nicht die Beziehungen zu den engsten Vertrauten des Kindes zerstören.«

Die Opfer leiden oft jahrelang unter verringertem Selbstwertgefühl, Scham- und Schuldgefühlen und Verunsicherung der Identität. Schwierigkeiten bei der sexuellen Orientierung treten auf, besonders aber in nahen und intimen Beziehungen. »Insofern«, konstatiert der Psychoanalytiker und Leiter der Kölner Klinik und Poliklinik für Psychiatrie und Psychotherapie des Kindes- und Jugendalters, Gerd Lehmkuhl, »geht es nicht um typische Krankheitsbilder, sondern um tiefgehende psychische Folgen, die sich in ganz unterschiedlichen Symptomen zeigen können. Mädchen reagieren eher mit Rückzug, Selbstverletzung, depressiven Störungen und Eßstörungen, Jungen eher mit aggressivem Verhalten, mit Delinquenz und Drogenkonsum.«

Dies entspricht der häufigen Beobachtung, daß Sexualstraftäter – fast ausschließlich Männer – nicht selten selber Opfer sexueller oder körperlicher Mißhandlungen waren. Sexueller oder körperlicher Mißbrauch kann zu sogenannten transgenerationalen Traumata führen: Von Generation zu Generation wird das Trauma »weitergereicht«. Dabei wechseln Männer im späteren Erwachsenenleben häufig in die Täterrolle, während Frauen die Rolle der untätigen Zuschauerin einnehmen.

Peter K. ist wegen zahlreicher exhibitionistischer Handlungen und versuchter Vergewaltigung zum Maßregelvollzug in einer forensischen Klinik verurteilt. Der minderbegabte Patient wurde von seinen Eltern emotional und körperlich verwahrlost. Auch seine Eltern waren bereits unter ähnlichen Umständen aufgewachsen. Als Kind suchte der Patient daher die Nähe zu einem Nachbarn, einem pensionierten Lehrer. Dieser gab dem damals zehnjährigen Jungen Geld, Essen und Zuwendung, wenn sich der Patient vor ihm entkleidete oder an sexuellen Handlungen teilnahm.

Pädophilie umfaßt ein breites Spektrum: angefangen vom Konsum von Kinderpornos, über Sextourismus, der sich mit der Furcht vor Aids als Rechtfertigung immer jüngerer Prostituierter in Asien bedient, zu mißbrauchenden Angehörigen, bis hin zu schweren sadistischen Tätergruppen. Gemeinsam ist den meisten Tätern die Unfähigkeit zu reifer Sexualität, besonders aber zu intimen, verbindlichen Beziehungen mit Erwachsenen. Sie sprechen zwar häufig von ihrem dranghaften Sexualtrieb, der sie vor sich selbst und den Gerichten entschuldigen soll, tatsächlich handelt es sich aber keineswegs um sexuelle Handlungen im engeren Sinn. Meist steigt der Drang zur pädophilen Handlungen in persönlichen Krisen- oder Kränkungssituationen. Unter Experten sei man sich einig, resümiert Mathias Hirsch, daß die sexuellen Handlungen Ersatzcharakter haben. Die Suche nach Sicherheit und das Gefühl des Verschmelzens mit dem scheinbar einverstandenen Kind geben dem Täter insbesondere in Krisensituationen Halt. Die wenigen besonders sadistischen Sexualstraftaten befriedigen darüber hinaus das Bedürfnis, über ein völlig hilfloses Opfer gottgleich verfügen zu können. Allerdings rechtfertigen sich Kindesmörder häufig vor sich und der Öffentlichkeit mit der Schutzbehauptung, aus Angst vor Entdeckung getötet zu haben, um über den sadistischen Charakter ihrer Tat hinwegzutäuschen.

Immer wieder fordern pädophile Gruppen eine Liberalisierung des Strafrechts oder verweisen auf sogenannte »echte« Pädophilie, bei der es sich nicht um Mißbrauch handele. Der Bremer Soziologe Rüdiger Lautmann behauptet gar in einer von der Deutschen Forschungsgemeinschaft geförderten Studie, seine Pädophilen bemühten sich um Einverständnis mit ihren Opfern. Ohne die Absurdität seiner Theorie zu bemerken, läßt er Pädophile ausführlich schildern, wie sie ihre Opfer durch psychischen Druck nötigen oder gar erpressen, ihnen zu Willen zu sein. Daß solche Nötigungen von Pädophilen nicht als Gewalt wahrgenommen werden, ist Ausdruck ihrer schweren Persönlichkeitsstörung: Typischerweise wird das Kind nicht in seiner Eigenart, sondern als Teil der eigenen Person gesehen.

Pädophile sind bemüht, alle Grenzen der Realität aufzuheben, indem sie die Inzest- und Generationenschranke leugnen. Das Ödipus-Thema, zentral für psychoanalytisches Denken, zeigt die Bedeutung dieser Grenze auf: Denn wenn keine Unterschiede zwischen Kindern und Erwachsenen existieren, so gibt es auch keine Endlichkeit, keinen Tod. Diese Größenphantasie von der eigenen Unbegrenztheit ist der Kern der pädophilen Persönlichkeitsstörung. Der Reiz für den Pädophilen geht vom Rausch der Grenzenlosigkeit aus, der sich ihm durch seine Handlungen vermittelt. Entsprechend schlecht sind die Aussichten auf Therapieerfolg: Mangels Schuld- und Schamgefühle besitzen die Täter kaum Therapiemotivation. Der Hang zu Pädophilie besteht in der Regel lebenslang; die Prognose hängt von der Bereitschaft des Täters ab, auf das Ausleben seiner Neigungen zu verzichten.

Demgegenüber können Kinder in einem Klima der Sicherheit vor Übergriffen ihre Sexualität mit ihresgleichen angstfrei entdecken und entwickeln. Entscheidend ist die Erfahrung des Kindes, auch bei Erwachsenen etwas bewirken zu können, ohne daß etwas »passiert«. Hertha Richter-Appelt warnt vor Mißbrauchshysterie: »Wenn heute ein Vater Angst hat, mit seiner vierjährigen Tochter in die Badewanne zu steigen, droht der liebevolle Umgang zwischen Vater und Kind verloren zu gehen.«

Präventionstrainings, die Kindern beibringen sollen, »nein« zu sagen, erreichen kaum die Gruppe besonders gefährdeter Kinder. »Vernachlässigte Kinder«, sagt Hertha Richter-Appelt, »können meist nicht ›nein‹ sagen. Solche Kinder brauchen Vertrauenspersonen, die sie jedoch meist nicht haben. Deshalb fängt Prävention bei den Erwachsenen an.« Entscheidend sei die Frage, was passiere, wenn ein Mißbrauch aufgedeckt werde. Nicht selten würden mißbrauchte Kinder in ihren Schulklassen oder vom Umfeld stigmatisiert. »Mit der spielst du mir nicht«, sei eine häufige Reaktion von Eltern anderer Kinder. Aufdeckung ist daher immer eine Gratwanderung, mit der Frage, ob die Folgen dem Kind eher nützen oder schaden. Wird dies nicht ausreichend beachtet, läuft das Kind Gefahr, einem weiteren Mißbrauch ausgesetzt zu werden: dem Eifer seiner vermeintlichen Helfer.

9

»Ich habe keine Heimat«

Psychische Belastungen und Chancen durch Migration

Seit dem zehnten Lebensjahr lebt Isabel D. in Deutschland. Ihre Eltern kamen mit der sogenannten ersten Gastarbeiterwelle, hatten aber ihre damals dreijährige Tochter bei Verwandten zurückgelassen. Bis zur Einschulung in Spanien lebte Isabel mal in Deutschland, mal in Spanien. Inzwischen erfolgreiche Architektin, ist sie nie eine dauerhafte Partnerschaft eingegangen: Nahe Beziehungen lösen die alten Ängste von Trennung und Verlassenheit aus. Dieses Schicksal teilen viele Migranten und Migrantinnen der sogenannten zweiten Generation, die ganz oder teilweise in Deutschland aufwuchsen. »Ich habe keine Heimat. Das ist das Gefühl meiner Kindheit, und das ist es bis heute«, sagt die aus Portugal stammende Elvira S.

»Die Migration stellt eine Veränderung von solchem Ausmaß dar, daß die Identität dabei nicht nur hervorgehoben, sondern auch gefährdet wird«, sagen die in Argentinien aufgewachsenen und selbst geflüchteten Psychoanalytiker Leon und Rebeca Grinberg. »Der massive Verlust betrifft die bedeutsamsten und wertvollsten Objekte: Menschen, Dinge, Orte, Sprache, Kultur, Gebräuche, Klima, manchmal den Beruf, die gesellschaftliche beziehungsweise ökonomische Stellung.«

Doch die gewaltige Herausforderung kann auch persönliches Wachstum bedeuten. Entscheidend ist die Stabilität der Persönlichkeit vor der Migration und die Fähigkeit, mit neuen Situationen zurechtzukommen und Verluste zu verarbeiten. Stellten schon vor der Übersiedlung Verluste und Trennungen Überforderungen dar, wie bei Isabel D., werden Depressionen, Orientierungslosigkeit, Identitätskrisen, körperliche Symptome, aber auch der Ausbruch einer wahnhaften Störung wahrscheinlicher. Jürgen Collatz, erster Vorsitzender des Ethnomedizinischen Zentrums Hannover, weist auf die um das zwanzigfach erhöhten gesundheitsbelastenden Faktoren – sogenannte life-events – bei Migranten hin: »So sind Abschiebeängste, Einreiseverweigerungen, Bedrohungen des Aufenthaltsstatus – auch für Familienangehörige – bei Gesundheitsstörungen und Krankheitsverläufen der Migranten oft von großer Bedeutung.«

Mißverständnisse, Spannungen und Resignation bei Patienten wie medizinischem Personal entstehen durch sehr unterschiedliche Vorstellungen von Krankheiten, deren Ursachen und Behandlung. Im afrikanischen und islamischen Raum ist die Vorstellung vom bösen Blick in ländlichen Gegenden sehr verbreitet. Hingegen stößt die Erwartung hiesiger Ärzte und Therapeuten nach aktiver Mitarbeit zum Beispiel bei psychischen Problemen oft auf Unverständnis der Patienten. Zudem werden Wahnerkrankungen bei Flüchtlingen viel zu selten im Zusammenhang mit den traumatischen Geschehnissen vor und während der Flucht gesehen.

Speziell geschultes Personal fehlt fast bundesweit. Besonders in Ausländerbehörden verwandeln die Mitarbeiter Überforderung, Verständigungsprobleme oder Schuldgefühle angesichts drohender Abschiebung in Aggression und Vorwürfe gegenüber den ihnen Anvertrauten: Feindseligkeit entsteht, wo Hilflosigkeit und das Gefühl der Fremdheit verunsichern.

Verständigungsprobleme bei Arztbesuchen spielen eine große Rolle, sagt Feride Yilmaz, stellvertretende Leiterin der Aachener Regionalen Arbeitsstelle zur Förderung ausländischer Kinder und Jugendlicher: »Meist wird eine türkische Frau, die einen Gynäkologen aufsucht und wenig deutsch spricht, eine verheiratete Verwandte zum Dolmetschen mitnehmen. Doch selbst dann, wenn die eigenen Kinder nicht zum Übersetzen schambesetzter Themen herangezogen werden, ist der Kontakt mit Behörden oder Ärzten oft durch Scham und Angst geprägt.«

Sehr unterschiedlich sind die Probleme jedoch auch, weil die Gründe für eine Übersiedlung sehr verschieden sind: Wer als Flüchtling über Nacht seine Heimat verlassen muß, entwickelt häufiger Verfolgungsängste oder greift zu emotionalen Spaltungen: Zunächst wird das aufnehmende Land idealisiert und die Heimat in besonders negativen Farben gesehen. »Indem der Immigrant die Verluste, das Vertraute und Bekannte entwertet und das Neue und Unbekannte übertrieben bewundert, leugnet er die Angst- und Schuldgefühle, die in gewissem Maße bei jeder Migration unvermeidlich sind«, sagen Leon und Rebeca Grinberg. Nicht selten kommt es auch zu einer »Entzauberung des gelobten Landes«, und die Bewertungen kehren sich um – sicher begünstigt durch massive Fremdenfeindlichkeit, Arbeitslosigkeit und soziale Probleme.

Schuldgefühle erleben vor allem Migranten, die mehr oder weniger freiwillig ihre Heimat und ihre Angehörigen verließen. Das Zurücklassen naher Angehöriger und das Wissen, sie lange oder nie mehr wiederzusehen, wecken neben der Freude auf das Neue massive Schuldgefühle, sogenannte Trennungsschuld. Alte Bindungen können daher Neuanfang und erste Erfolge erschweren oder ganz verhindern. Das gilt besonders für Migranten der zweiten Generation: Konflikte entstehen, wo Eltern besondere Erfolge ihrer Kinder erwarten, selbst aber nur mäßig im aufnehmenden Land zurechtkommen. Nicht selten schämen sich dann die Kinder ihrer Eltern und erleben Schuldgefühle, wenn sie ihre Eltern sozial überholen.

»Unter diesen Umständen braucht das Individuum unbedingt jemanden in der neuen Umwelt (eine Person oder Gruppe), der oder die mütterliche und stützende Funktionen übernimmt, die ihm das Überleben und Sich-Reorganisieren ermöglichen«, sagen die Grinbergs. Doch davon kann keine Rede sein, wenn es mittlerweile zum Alltag gehört, daß ausländische Mitbürger durch ostdeutsche Innenstädte gejagt werden, ihre Geschäfte oder Wohnheime in Flammen aufgehen. Hohe Ausländerarbeitslosigkeit, Perspektivlosigkeit und im Vergleich zu deutschen Jugendlichen deutlich geringere Chancen, qualifizierte Schulabschlüsse zu erreichen, fördern ein Klima von Resignation und Verweigerung. Fehlen Arbeitsplätze, die den eigenen Fähigkeiten entsprechen und damit die stabilisierende Bestätigung durch Arbeit, verstärken sich ohnehin bestehende Identitätskrisen.

Auch aus diesem Grund erfreuen sich islamisch-fundamentalistische Kulturvereine immer größerer Beliebtheit. Als vermeintliche Heimat in der Fremde bieten sie Freizeitangebote, die in den Kommunen meist fehlen. Die zunehmende Abschottung mancher Migrantengruppen verhindert die für die Integration notwendige Orientierungskrise. Die Folgen bleiben dann auch nicht aus: Ludger Reiberg, stellvertretender Leiter der Kölner Regionalen Arbeitsstelle zur Förderung ausländischer Kinder und Jugendlicher, schätzt, daß von den 10.000 in Köln im Jahr 1998 eingeschulten Kindern 800 Deutsch nicht ausreichend beherrschen, obwohl sie hier geboren wurden. »Die Sprache bestimmt die Erfahrung der Welt, des Anderen und des Selbst. Sie liefert den Stützpunkt für die eigene Identität«, betonen die Grinbergs. Integration und Auseinandersetzung mit der neuen Welt und Kultur ist nur über den Erwerb der Sprache möglich. Daher fordert der Kölner Schulrat Hans Wielpütz Sprachförderung schon vor der Einschulung, denn oft würden Sprachschwierigkeiten bereits bei der Anmeldung in der Grundschule offenkundig.

In schwere Loyalitätskonflikte zwischen den Kulturen, Werten und Lebensstilen geraten besonders die Kinder von Migranten aufgrund der sehr unterschiedlichen Vorstellungen von Würde, Ehre, Scham, Schuld und familiären Bindungen. Können sich die Eltern noch der Hoffnung auf künftige Rückkehr hingeben, sind ihre Kinder weder im Herkunftsland noch in der neuen Heimat wirklich verwurzelt. Der Glaube an Rückkehr ist ohnehin häufig eine Illusion, um den Aufenthalt in der Fremde zu erleichtern: Fast 30 Prozent aller 7,3 Millionen Ausländer leben bereits seit mehr als 20 Jahren in der Bundesrepublik.

An der Notwendigkeit weiterer Reformen des Ausländer- und Einwanderungsrechts kann also kein Zweifel bestehen. Doch nicht nur Migranten sehen sich von Identitätskrisen bedroht. Die Anwesenheit des »Fremden« stellt auch für die aufnehmende Bevölkerung eine Infragestellung ihres Selbstverständnisses dar.

Integration ist keine Einbahnstraße, beide Seiten müssen ihre Identität, ihr Selbstverständnis und ihre Werthaltungen überprüfen. Nicht zuletzt deshalb wurde die Debatte um das neue Staatsbürgerschaftsrecht in der Bundesrepublik so emotional geführt. Hierin unterscheiden sich die Deutschen von ihren Nachbarnationen erheblich, denn dort gibt es seit langem die doppelte Staatsbürgerschaft. Feindbilder, Fremdenängste und Identitätsverunsicherung sind allgemeine Phänomene – keineswegs nur ein deutsches Problem. Allerdings können sich andere Nationen mit größerer Leichtigkeit mit ihrer Geschichte identifizieren. Wo Franzosen stolz auf ihre Grande Nation verweisen oder die – zwar überschätzte, aber immerhin als Identifikationsangebot bereitstehende – Resistance feiern, blieben den Deutschen bis vor kurzem lediglich ihre geliebte Mark und das Wirtschaftswunder. Anläßlich der Euro-Debatte meldeten sich daher ähnlich irrationale Befürchtungen wie jüngst beim Staatsbürgerschaftsrecht. Man hätte es also vorausahnen können. Beim Euro wurde immerhin auf langfristige Aufklärung gesetzt. Die Staatsbürgerschaftsdebatte fand jedoch vor dem Regierungswechsel lediglich im Kreis von Eingeweihten statt.

Migration wird nur dann zu einer bereichernden Erfahrung für beide Seiten, wenn wechselseitig die Bereitschaft zur Infragestellung und Verunsicherung des eigenen Selbstverständnisses besteht. In diesem Fall erweitern sich nicht nur die Perspektiven von Migrant und Bürger des aufnehmenden Landes. Die Vielfalt kann auch zu einer Verbesserung von Konfliktverarbeitungsmechanismen führen. Die der Fremdenangst eigene rasche und rigorose Ablehnung alles Unbekannten kann einer Haltung des Staunens über das Neue und Fremde weichen. Die Art, wie der jeweils andere mit Konflikten und Krisen, mit Freunden und Verwandten, Gästen oder auch mit Zeit und Arbeit umgeht, kann die persönlichen Verhaltens- und Erlebnismöglichkeiten erweitern und so dazu beitragen, über bessere und flexiblere sogenannte Copingmechanismen – das sind Kompensations- und Bewältigungsstrategien – zu verfügen.

Viele ältere Migranten der ersten Generation stehen mittlerweile vor der Frage, wo sie ihren Lebensabend verbringen wollen. Denn Bindungen ins Heimatland verblassen allmählich, und die eigenen Kinder und Enkel leben in Deutschland. Einrichtungen der Altenhilfe müssen sich daher der wachsenden Zahl älterer Migranten öffnen. »Wichtige Voraussetzung ist die Erweiterung interkultureller Fachkompetenzen des Personals«, betont Ingrid Geiger vom Gesundheitsamt Rhein-Neckar-Kreis.

»Jene, die sich zur Rückkehr entschließen, stoßen auf Schwierigkeiten, auf die sie meist nicht vorbereitet sind und die sie auch gar nicht erwarteten. Denn keine Rückkehr ist einfach nur eine Rückkehr; sie ist stets und unvermeidbar auch eine neue Migration mit all ihren Verlusten, Ängsten und Hoffnungen. Die, die zurückkehren, sind nicht mehr dieselben, die damals fortgingen; und der Ort, an den sie zurückkehren, ist auch nicht mehr derselbe wie einst«, geben Leon und Rebeca Grinberg zu bedenken.

10

Liebe, Macht und Ohnmacht

Die Fähigkeit, sich zu verlieben, und die Unfähigkeit, abhängig zu sein

»Die Mannschaft der Seele stürmt an Deck des Körpers«, sagt der Schriftsteller Milan Kundara über plötzliche Verliebtheit. Wer in seinen Gedanken einen Moment zu seiner ersten großen – vielleicht heimlichen, schwärmerischen – Liebe zurückkehrt, erinnert sich vermutlich sogleich auch an die vielfältigen Symptome, die auszulösen der Schwarm die Macht hatte: Aufregung und schwache Knie, Zittern, trockener Mund, Erröten, Appetit- und Schlaflosigkeit, eventuell auch zarte oder deutliche sexuelle Empfindungen entziehen sich der Kontrolle und bemächtigen sich des Verliebten in jener schrecklich-wunderbaren Weise, wie es eben eine erste große Liebe vermag. Hin- und hergerissen zwischen Anziehung und Verwirrung, Offenbarungswünschen und Fluchtimpulsen wird meist doch immer wieder die ersehnte Nähe zum Objekt der Leidenschaft aufgesucht.

Solche Verliebtheiten stürzen ihr Opfer in heftige Gefühlsstürme, und je mehr sich der Verliebte seiner Leidenschaft hinzugeben bereit ist, desto schlimmer werden zunächst die genannten Symptome. Kein Zweifel, selbst wenn der oder die Angebete nichts von ihrem Glück ahnen, so besitzen sie doch erhebliche Macht über ihren Verehrer: Verliebtheit macht abhängig. Um so mehr gilt dies für erotischsexuelle Attraktivität: Eine schöne Frau oder ein attraktiver Mann lösen erotische und zärtliche Wünsche und Begierden aus.

Für den in den Bann Gezogenen oder Verliebten steht obendrein zu befürchten, mit den eigenen Gefühlen entdeckt und vom Betreffenden oder Dritten bloßgestellt zu werden. Der Gefahr, in einen solchen Zustand zu geraten, der einem gegenwärtigen Modeausdruck gemäß häufig als »heftig« beschrieben wird, trachten viele Jugendliche durch eine Verkehrung ins Gegenteil zu entkommen: Sie geben sich total »cool«, bedienen sich lässiger Insider-Sprache, von deren Zweck Begriffe wie »heftig«, »geil« oder »cool« allerdings verräterisches Zeugnis ablegen.

Die Fähigkeit, sich zu verlieben und sich der Verliebtheit zu überlassen, setzt eine gewisse Ich-Stärke voraus. Insbesondere geht es um Affekttoleranz und die Abwesenheit traumatischer Kontrollverlustangst und damit die Möglichkeit, Abhängigkeit zu ertragen. Das gilt natürlich um so mehr für dauerhafte Partnerschaften, die nicht nur wechselseitige emotionale Abhängigkeiten beinhalten, sondern auch – im Gegensatz zur Verliebtheit – das Anerkenntnis und die Auseinandersetzung mit eigenen wie fremden Grenzen und Begrenztheiten. Vermittelt Verliebtheit die scheinbare Aufhebung persönlicher Grenzen und die Illusion unbegrenzter Möglichkeiten, so fordern dauerhafte Lieben die erneute Anerkennung der Realität von Endlichkeit und persönlicher Begrenztheit beider Partner. Scham über sichtbar werdende eigene Macken und Schwächen, Fehler und Grenzen korrespondiert mit Enttäuschungen über jene des Partners. Das kleine Glück kommt durch die Hintertür von Affekt-, Frustrations- und Spannungstoleranz: Scham und Abhängigkeitsgefühle, Ohnmacht, begrenzter Kontrollverlust und Begrenztheiten wollen toleriert werden, um stabile Beziehungen zu gewährleisten. Die wechselseitige Abhängigkeit vom Partner nimmt dabei noch zu.

Liebe fordert mithin die Bereitschaft, sich auf Abhängigkeiten – emotionale wie materielle – einzulassen und dabei Objekt des Partners zu sein. Beide Partner stellen sich gewissermaßen in dem Vertrauen, nicht mißbraucht zu werden, wechselseitig als Liebes- und Sexualobjekt zur Verfügung. Die unausgesprochene Übereinkunft zweier Liebender gleicht einem buddhistischen Koan: Ich bin dein Objekt, weil und solange du mich nicht zum Objekt reduzierst. Liebende stellen sich selbst als Objekt zur Verfügung und müssen ihren Partner deshalb nicht als Objekt mißbrauchen.

Die fast 40jährige Magdalena V. hatte bisher kaum verbindliche Partnerschaften. Die einzige langjährige Verbindung war ein dauerndes Hin und Her: Wurde ihr Partner verbindlich, floh sie aus der Beziehung, zog sich ihr Mann jedoch zurück, fühlte sie alsbald wieder heftige Zuneigung. Jedesmal, wenn sie sich in einen Mann verliebte und ihre Gefühle erwidert wurden, spürte sie rasch diffuse Unruhe und Ängste in sich aufkommen, fürchtete dabei, alles Mögliche ausschließlich für ihren Partner zu tun, und brach die Beziehungen schließlich ab.

Magdalena V. zog in ihrer Kindheit mit ihrer Familie oft um, weil der Vater als Bundeswehroffizier mehrfach, teilweise auch ins Ausland versetzt wurde. Alle Freundschaften endeten daher plötzlich durch erneute Umzüge. Die depressive Mutter war häufiger in stationärer Behandlung, so daß sich Magdalena V. ganz an ihren zwei Jahre älteren Bruder anlehnte. Als junge Erwachsene entwickelt sich zwischen den beiden ein inzestuöses Verhältnis, in dessen Folge und Verlauf der Bruder eine wahnhafte Psychose ausbildete und sich suizidierte. In der Atmosphäre ständig abbrechender Beziehungen, der emotional oft nicht erreichbaren psychisch kranken Mutter und der aufgesetzten Fröhlichkeit, mit der die Eltern Krankheit und Leid zu überdecken trachteten, stützten sich die beiden jüngsten Kinder gegenseitig. Dabei lernten sie nicht, zwischen Zärtlichkeit und Leidenschaft zu unterscheiden, und die für psychische Gesundheit so wichtige Inzestschranke wurde durch die Eltern, die stark mit sich selbst beschäftigt waren, nicht vermittelt. Die Selbstgrenzen von Magdalena V. und besonders von ihrem Bruder blieben daher sehr schwach ausgeprägt.

Ängste und Unruhe im Zusammenhang mit Liebesbeziehungen entstehen dann, wenn neben der emotionalen Abhängigkeit sexuelle Leidenschaft entgrenzenden Charakter annimmt. Sexuelle Erfüllung stellt die Selbstgrenzen kurzfristig in Frage und kann daher nur erlebt werden, wenn Selbstgrenzen grundsätzlich stabil sind: Die Betreffenden müssen nicht befürchten, aus der Ekstase nicht wieder auftauchen zu können, sondern können sich ihr überlassen, weil sie sich sicher genug fühlen, jederzeit wieder »sie selbst« zu sein – mit den dazugehörigen Grenzen. Demgegenüber verfügte Magdalena V. nicht über ausreichende Stabilität ihrer Selbstgrenzen und reagierte mit Kontroll- und Selbstverlustängsten, die sie lediglich als diffuse Unruhe und unbenennbare Angst erlebte. In solchen Fällen schließen sich sexuelle Leidenschaft und Liebe aus, weil beide Erfahrungen zusammen zu bedrohlich für das fragile Selbst sind.

Eine weitere Kompensation für Selbstverlustängste und befürchtete Ohnmacht in der emotionalen Abhängigkeit der Partnerschaft sind sadomasochistische Beziehungen. Solche Beziehungen leben von der wechselseitig kontrollierten Abhängigkeit des anderen oder des Selbst. Beide Partner stellen sich nicht zur Verfügung, sondern trachten danach, selbst zu verfügen: Hingabe erfolgt nicht an den Partner, sondern an die Illusion totaler Kontrolle entweder des abhängigen anderen (die sadistische Rolle) oder der vermeintlich grenzenlosen Beherrschung des Selbst (die masochistische Rolle). Auf diese Weise verschwinde das Gefühl der Hilflosigkeit, Kleinheit, Minderwertigkeit ebenso wie Entbehrung und Tod – »das psychische Leiden an sich«, sagt die Pariser Psychoanalytikerin Janine Chasseguet-Smirgel. Eine Liebesbeziehung vermag durch das Spannungsverhältnis von entgrenzender Sexualität einerseits und Toleranz menschlicher Grenzen andererseits, Leiden und Tod, Endlichkeit und Unterlegenheit ertragen zu helfen. Demgegenüber haben perverse Beziehungen den Zweck, Minderwertigkeitsempfindungen, Ohnmacht und Tod zu leugnen. Sie werden auf den Partner projiziert und dort bekämpft.

Besonders charakteristisch für diese Art von Paarbeziehungen sind sogenannte sadomasochistische Kollusionen. Dabei geht es nicht um bestimmte Sexualpraktiken, auch wenn diese eine gewisse Rolle spielen mögen. Vielmehr handelt es sich um Erlebnis- und Verhaltensformen, die die illusionäre völlige Selbst- und/oder Fremdkontrolle anstreben. Dies kann natürlich auch durch perverses Sexualverhalten geschehen. Zentral steht die Abwehr von Leid, Abhängigkeit, Ohnmacht und Kontrollverlust. Gleichzeitig werden durch perverse und sadomasochistische Beziehungen Affekte reguliert, die sonst aus dem Ruder zu laufen drohen.

Die zwanghafte Wiederholung von Beziehungs-, Affekt- oder Konfliktsequenzen dient demnach der Bewältigung und Regulierung traumatischer Affekte. Mit anderen Worten: Sadomasochistische Beziehungen wehren im Kern traumatische Ohnmachts- und Kontrollverlusterfahrungen ab, indem Allmachtsphantasien von der Kontrolle des Partners oder des Selbst in Szene gesetzt werden.

Eine 35 Jahre alte Ärztin wurde in ihrer Kindheit mehrmals von einem nahen Verwandten sexuell mißbraucht,

Schläge durch die Eltern gehörten zum Alltag. Die Eltern trennten sich schließlich, als die Patientin sechzehn war. Die häusliche Atmosphäre war durch Überarbeitung beider Eltern, Herabsetzungen der Familienangehörigen untereinander und Ausbrüche von Gewalt gekennzeichnet. Vater und Bruder wurden als gewalttätig und grenzverletzend und in ihrer Unkontrolliertheit enttäuschend schwach erlebt.

Nach ihrer eigenen Scheidung lernt die Patientin einen zehn Jahre jüngeren Mann kennen, mit dem sie mit ihren drei Kindern aus erster Ehe bald in eine gemeinsame Wohnung zieht. Bereits nach kurzer Zeit kommt es immer wieder zu gewalttätigen Auseinandersetzungen, in deren Verlauf der Mann die Patientin teilweise schwer mißhandelt. In der daraufhin aufgesuchten Krisenintervention berichtet die Patientin eindrücklich, für wie unreif und schwach sie ihren Partner hielte, was sie sehr enttäusche. In Wirklichkeit gebe es sowieso keinen Mann, der Format habe. Dabei droht sie sich und ihren Partner in ein unauflösbares Dilemma zu manövrieren: Eigentlich genieße sie es nämlich, wie »ich meinen Partner total steuern kann, es ist wie mit einer Bombe mit Zünder. Wenn er hochgeht, macht er sich nur lächerlich, und ich stelle ihn vor Nachbarn und Freunden bloß.« Und, gleichzeitig, ohne jedoch einen Zusammenhang zu sehen: »Wenn er sich von mir demütigen läßt, weil er fürchtet, daß es noch andere Männer gibt, ist er eine Flasche.« Die sadomasochistische Kollusion der beiden Partner beinhaltet schnell hin- und herwechselnde massive Schamkonflikte: Die Patientin traut sich nur Partnerschaften mit Männern zu, die sie als schwach erlebt. Sie schämt sich dabei ihrer Unfähigkeit, sich nicht mit einem gleichwertigen Mann einlassen zu können, und gibt dieses Schamempfinden und die damit verbundene Enttäuschungswut über die vorgebliche Schwäche ihres Partners an ihn weiter. In Form von Sticheleien, herabsetzenden Bemerkungen und Bloßstellungen vor Dritten demonstriert sie dabei sowohl eigene Macht und Kontrolle wie umgekehrt hilflose Abhängigkeit ihres Partners. Auf diese demütigenden Schamszenen reagiert ihr Freund mit Gewalttätigkeit, begleitet von dem kurzfristigen Gefühl, nunmehr selbst im Besitz von Macht und Kontrolle über seine Freundin zu sein, wenn er sie aggressiv und sexuell demütigt. Nach dem Gewaltausbruch rächt sich die Patientin wiederum, indem sie ihrem Partner zu verstehen gibt, seine Gewalt sei Ausdruck seiner (unmännlichen) Schwäche, da er sich nicht im Griff habe und sie ihn statt dessen so weit bringen (kontrollieren) könne, daß er gewalttätig werde – ein Zeichen seiner besonderen Ohnmacht und ihrer besonderen Macht (der Vorwurf trifft natürlich zugleich die historischen Figuren von Bruder und Vater). Durch die hinzugezogene Öffentlichkeit steht der Partner wiederum als gewalttätiger Unmensch dar, was erneut seine Schamspannung ansteigen läßt. Er sucht daraufhin nach Möglichkeiten, die Demütigung wieder an seine Freundin durch Machogebahren oder paranoide Kontrollversuche abzugeben – eine endlose Rotation überwältigender Affekte und demütigender Schamszenen.

Auf seiten des Mannes spielen Phantasien über die Beschädigung seiner männlicher Identität und die Notwendigkeit ihrer Reparation eine bedeutsame Rolle. Scham wird sowohl in der Position der Ohnmacht und Demütigung durch die Partnerin als auch nach dem Kontrollverlust des Gewaltausbruchs und im Zusammenhang mit öffentlicher Mißbilligung erlebt. Im geschilderten Fall gipfelte die Vorstellung des masochistischen Triumphes über den Mann in der Feststellung der Patientin, daß nur ihre eigene Tötung durch den Mann beweisen könne, daß er wirklich Format habe – was allerdings zugleich wiederum ihre totale Kontrolle und seine lächerliche Ohnmacht gegenüber seinen Affekten unterstreichen würde. In vergleichbaren Situationen kann das Bedürfnis nach Kontrolle und Triumph überwiegen und der Konflikt in eine tödliche Familientragödie ausmünden.

Regelmäßig fehlen in solchen Fällen angemessene affektive Stellungnahmen seitens der Partner in Form von Betroffenheit, Entsetzen, Angst, Trauer und so weiter. Statt dessen werden diese Affekte, wie auch die Sorge um die körperliche Unversehrtheit und das Leben der Beteiligten, meist von Angehörigen oder Behandlern erlebt. Dabei gerät der Therapeut – wie im obigen Beispiel – gleichfalls in ein Dilemma: Der masochistische Triumph der Patientin bezieht sich natürlich auch auf die Behandlungssituation. Dies verdeutlicht die Anspielung, es gebe überhaupt keinen Mann mit Format – also hat auch der Behandler keines. Es ist daher zu erwarten, daß die Patientin auch hier versucht sein wird, Kontrolle auszuüben, indem sie nicht zuläßt, daß sich die Therapie als erfolgreich erweisen wird (negative therapeutische Reaktion) und der Behandler als kompetent und eventuell beneidenswert dasteht.

Ähnlich wird der männliche Partner um seine pseudomännliche Unabhängigkeit besorgt sein und gleichfalls die Therapie als bedrohliche Infragestellung seiner Autonomie im Sinne eines Kontrollverlusts erleben. Auch er gerät in ein Dilemma, das Anlaß für negative therapeutische Reaktionen gibt: Kann die Therapie etwas bewirken, droht ihm dies zum Beweis seiner Hilfsbedürftigkeit und Schwäche zu werden, die er selbst heftig bekämpft und die von den Attacken seiner Freundin ans Tageslicht gezerrt zu werden Gefahr läuft. Ist die Therapie aber erfolglos, so ist er zwar unabhängig und stark, andererseits jedoch unfähig, Hilfe zu erhalten und vor allem, eine stabile Partnerschaft zu unterhalten. Alle möglichen Verläufe drohen daher erneut in Ohnmachts- und Schamszenen auszumünden, was wiederum die Neigung zu gewalttätigen Entladungen fördert.

In der Bundesrepublik wird inzwischen jede dritte Ehe geschieden, die Zahl der Singlehaushalte steigt in Ballungsräumen teilweise auf über 50 Prozent. Die befreiende Möglichkeit, nicht mehr lebenslänglich in einem partnerschaftlichen Gefängnis bleiben zu müssen, gebiert die Schattenseite, bei Konflikten allzu schnell die Beziehung zu verlassen. Doch dauerhafte Partnerschaften verlangen die Bereitschaft, sich immer wieder neu auseinanderzusetzen und Konflikte miteinander durchzustehen, was eine erhebliche Frustrations- und Spannungstoleranz erfordert.

Der New Yorker Psychoanalytiker Otto F. Kernberg glaubt daher, daß nur relativ »normale« Persönlichkeiten fähig sind, »sich zu verlieben und eine solche leidenschaftliche Verbindung zu einer dauerhaften Liebesbeziehung weiterzuentwickeln«. Entscheidend ist für Kernberg weniger, ob eine hetero- oder homosexuelle Beziehung eingegangen wird, sondern Anteilnahme, Einfühlungsvermögen, die Übernahme von Verantwortung und die Fähigkeit, Schuldgefühle gegenüber dem Partner zu empfinden.

Diese wechselseitige Anteilnahme stabilisiert beide Partner, weil in persönlichen Krisensituationen der andere sogenannte Hilfs-Ich-Funktionen übernimmt: Beruhigung dient der Regulation von heftigen Gefühlsstürmen, Ermutigung oder Sorge bieten dem Partner ein Maß an, wo andernfalls selbstzerstörerische Verhaltens- und Erlebnisformen überhandnehmen könnten. Die Möglichkeit, zeitweise zum Kind in den Armen des Partners zu werden, erleichtert die Annahme von Krankheit, Alter und Tod. Eine dauerhafte Liebesbeziehung konfrontiert einerseits zum Beispiel durch eigene Kinder mit der schmerzlichen Tatsache von Generationenabfolge und Tod, läßt jedoch andererseits menschliche Endlichkeit erträglicher werden.

Der Ödipusmythos mit dem Rätsel der Sphinx – Kern psychoanalytischen Denkens – handelt von diesem Ringen um die Akzeptanz eigener Grenzen: »Was«, so lautete das Rätsel der Sphinx, »geht am Morgen auf vier, am Mittag auf zwei und am Abend auf drei Beinen?« »Der Mensch«, gab der clevere Ödipus der Sphinx zur Antwort und bezog des Rätsels Antwort nicht auf sich persönlich. »Ich selbst« lassen Liebesbeziehungen ahnen.

11

Die Verheißung der Langsamkeit

Der Traum von Muße und Ökologie der Zeit im Alltag

»In unserer Welt«, schrieb Milan Kundera, »ist der Müßiggang zur Untätigkeit geworden, der Untätige ist frustriert, er langweilt sich, ist beständig auf der Suche nach der Bewegung, die ihm fehlt.« Demgegenüber beschert das nicht selten hektische Tagungsstakkato konfessioneller Akademien und Begegnungsstätten seit einigen Jahren einen verlockenden Traum: Die Entdeckung von Langsamkeit und Muße. Zeitfalten, die es zu genießen gilt, sollen den Übergang in neue ökologische Lebensstile ermöglichen. Angetrieben von der Hektik der Beschleunigung erwächst ein Kontrapunkt: am Ort zu verweilen (so er denn schön ist), sich der Besinnung zu überlassen (falls sie denn beschaulich sein sollte), um sich vom Zwang nach Entfernungsbewältigung und Zeittotschlagen loszumachen. Das abgehalfterte Zeitsparwunder des »immer weiter, immer schneller, immer mehr« gebar selbst das Unbehagen, das sich nun in der Idee von der Ökologie der Zeit Luft macht.

Kaum zufällig entsteht in einer Epoche, die durch den endgültigen Untergang von Vollzeitbeschäftigung und dauerhaften Arbeitsplätzen gekennzeichnet ist, die Erkenntnis, daß der Lebensstil des ewig mobilen Menschen ebenso umwelt- wie selbstzerstörerisch ist. Denn auch hier Beschleunigung: immer mehr, immer schneller und immer flexibler weiterbilden und weiterfahren zu neuen, noch weiter entfernten Berufszielen lauten die Forderungen postmoderner Arbeitswelt. Was Wunder also, daß sich Widerstand formiert, der den Menschen aus der Zwangsjacke besessenen Zeitmanagements zu befreien trachtet. Die notwendige Umverteilung von Arbeitszeit und Arbeitsplätzen auf mehr Menschen wirft allerdings die Frage nach der dann entstehenden freien Zeit auf. Was tun, wenn nicht arbeiten? Doch diese Frage läßt sich nicht durch rasche Aufrufe nach neuen, entschleunigten Lebensstilen und einer vorschnellen Idealisierung der Muße beantworten.

Der einflußreiche britische Psychoanalytiker Donald W. Winnicott entwickelte den Begriff des »Möglichkeitsraums«. Darunter verstand er offene, schamempfindliche Situationen, die Phantasien über Möglichkeiten, Entwürfe und Ideen ermöglichen. Muße – wie Milan Kundera mahnt, nicht zu verwechseln mit Untätigkeit – beinhaltet diese kreative Betätigung, die noch nicht zielgerichtet, die spielerisch und daher für Kränkungen so empfindlich ist. Kein Wunder also, daß freie Zeit – Muße eben – Chance und Zumutung zugleich ist, die potentiell das psychische Gleichgewicht instabil werden läßt. Es ist diese Instabilität, die der Muße ihre Kreativität verleiht, weil sie Veränderungen, zunächst in der Phantasie, dann aber auch durch ihre Realisierung ermöglicht.

Die Strukturierung freier Zeit wird daher zu einer Herausforderung, der das Individuum nicht immer gewachsen ist. Eigene, nicht bereits durch Arbeit und Versorgung strukturierte Zeit als positiv zu erleben ist für die meisten Menschen eine Zumutung, die sie schleunigst zu Infrarotbedienung, Joystick oder Autoschlüssel greifen läßt. Die Herausforderung »Freizeit« und mit ihr potentiell drohende Gefühle von Leere, Sinnlosigkeit und Entfremdung führen in breiten Bevölkerungsteilen zum psychischen Zwang, Freizeit ausfüllen zu müssen, um krisenhafte Sinnfragen zu verdrängen. Die psychische Zumutung, innerlich beweglich, flexibel zu sein, wird häufig durch den Zwang zu äußerer Bewegung – Mobilität – ersetzt. Zudem steht zu bezweifeln, ob es früher denn wirklich so voller Muße zuging. Klagen über höllisches Tempo (per Kutsche oder Wagen) gepaart mit Lobliedern auf Rast und Ruhen sind keineswegs neu. Auch dürfte in früheren Kulturen oder Zeiten jahreszeitlich bedingte arbeitsfreie Zeit nicht unbedingt durch Meditation verbracht worden sein. Notwendige Reparaturen und Versorgungsarbeiten dienten sicher nicht zuletzt der Zeitstrukturierung sonst »freier« Zeit, die damals wie heute das psychische Gleichgewicht vieler bedroht hätte. Der Unterschied liegt eher in der Anzahl und Schnelligkeit der Reize, die in »freier« Zeit geboten und aufgenommen werden. Der rastlose Freizeitmensch bietet ein recht genaues Abbild gegenwärtiger Produktions- und Arbeitsverhältnisse.

Freie Zeit ist nicht bloß potentielle Bedrohung durch depressive Gefühle von Leere. Das Selbstwertgefühl gründet sich häufig ausschließlich auf Tätigkeit; Sitzen, Ruhen und Rasten wird als schuldhaft erlebt, das eigene Image vor sich und anderen hängt am vollen Terminkalender, wie der Münchener Pädagogik-Professor Karlheinz Geißler in seinem Buch über die Zeit feststellt. Zudem ist es für das Heer der Arbeitslosen Zeichen ihrer beschämenden Lage und vermeintlichen Defizite. Langzeitarbeitslosen verschwimmt die Grenze zwischen freier Zeit, Versorgungstätigkeiten und ehemaliger Arbeitszeit zu einem lähmend depressiven Brei. Völlig verfehlt ist demnach eine naive Idealisierung von Muße und Entschleunigung, so wichtig die Verknüpfung von Zeitökologie mit Arbeits- und Umweltpolitik auch ist. Der schöne Traum wirkt bei Konkretisierung auf viele Menschen abschreckend (abgesehen davon, daß auch die Protagonisten dieser Aufrufe qua Publikationsmenge kaum zum beschaulichen Verweilen die Zeit finden dürften). Zeit wird ausgefüllt, durch Anregung und Arbeit, durch Reizsuche und Entspannung. Die eigenständige Regulation dieses Verhältnisses von innerer und äußerer Animation wie relativer Ruhe erfordert ein erhebliches Maß an innerer Steuerungs- und Abgrenzungsfähigkeit. Heimwerkelei und Gartentätigkeit mag man belächeln; für nicht wenige Menschen sind sie das subjektiv rechte Maß an Aktivität und Muße.

Ohne Zweifel: Die sozial-ökologischen Probleme der Zukunft verlangen einen neuen Umgang mit Zeit, von der bisher angenommen wurde, die Betroffenen würden sie schon irgendwie selbst gestalten – wenn Zeit nur infolge gesamtgesellschaftlichen Fortschritts ausreichend vorhanden sei. Ein Abrücken von individuellen umwelt- wie sozialschädlichen Lebensstilen – so dies die ökonomischen Zwänge überhaupt zulassen – dürfte Mehrheiten jedoch nicht ohne helfende Strukturierungsangebote von außen möglich werden. Es wäre politisch wie psychologisch naiv, die enge Verbindung zwischen individuellen und materiellen Zwängen zu Hast und Ruhelosigkeit, die den meisten Bürgern durch die Infrastrukturen ihrer Lebens- und Arbeitszusammenhänge aufgenötigt werden, zu übersehen. Die atemlose Arbeits- und Freizeitgesellschaft ist Ausdruck innerer Not wie äußerer Verelendung. Eine ökologisch weniger ausbeuterische und sozialere Freizeitgestaltung muß daher grundsätzliche Freizeitbedürfnisse wie auch -ängste berücksichtigen. Denn dem Bedürfnis nach mehr Muße stehen gleichzeitig immer stärker reizüberflutende Aktivitäten im Freizeitbereich gegenüber: Bungiespringen mag nicht jedermanns Sache sein, aber flotte, eventuell mehrfach pro Jahr absolvierte Jetreisen in die Stille der griechischen Inselwelt sind keine Minderheitenerscheinung. Die Unterschiedlichkeit verschiedener Lebensstilgruppen spiegelt zugleich auch eine grundsätzliche Ambivalenz wider: Erlebnishunger und Ruhebedürfnis wollen gleichzeitig befriedigt werden. Der Erfolg von Freizeitparks und Urlaubcamps nährt sich aus dieser Motivlage.

Doch auch wenn weiterhin Freizeitmobilität und Rastlosigkeit den neuen Utopien Hohn zu sprechen scheinen, das wachsende Unbehagen am gegenwärtigen Mainstream-Lebensstil ist nicht nur als bloßes Lippenbekenntnis abzutun. Übergänge sind nicht eindeutig, sie sind widersprüchlich und vielschichtig. Der potentielle Wechsel zu anderen Arbeits- und Freizeitformen bedarf äußerer Hilfestellungen. Wo das Neue zu unbekannt, wo das Alte zu liebgewonnen ist, entstehen andernfalls unüberwindbare Widerstände. Übergänge müssen kleinschrittig gestaltet sein, um Ängste nicht übermächtig werden zu lassen. Wer die sozialökologische Wende wünscht, wird sich über die Zeitstrukturierung der Menschen Gedanken machen müssen. Muße, so bereichernd sie sein kann, erfordert Struktur – besonders für jene, die Leere so sehr fürchten. Umweltverbänden und -initiativen kommt die Aufgabe zu, Übergänge angstfreier zu ermöglichen. Freizeitangebote, die eine Mischung aus Anregung und Muße enthalten, können den Übergang vorstellbarer, die Utopie von bereichender Muße erlebbarer machen. Ohne solche Hilfen werden Veränderungen in der Ökologie der Zeit kaum Akzeptanz finden. Denn nur vorstellbare und konkret erfahrbare Modelle überzeugen am Ende.

12

Da tut's weh und dort tut's weh

Ältere Patienten in der Psychoanalyse

»Eine Altersstufe in der Nähe des fünften Dezenniums schafft ungünstige Bedingungen für die Psychoanalyse«, war Freud bis ins eigene hohe Alter überzeugt. Denn die Menge des psychischen Materials sei dann nicht mehr zu bewältigen, und die Analyse drohe viel zu lang zu dauern. Im übrigen bestehe auch keine ausreichende Flexibilität mehr.

Diese Leugnung der Entwicklungsmöglichkeiten im Alter hatte lange Tradition: Psychoanalytische Entwicklungstheorien endeten früher meist mit der Pubertät oder faßten den Altersspielraum jenseits der Lebensmitte kurzerhand zusammen. Erst in den letzten Jahren befassen sich Psychoanalytiker nicht nur theoretisch mit Alterungsprozessen und den dabei auftauchenden Konflikten, sondern behandeln auch zunehmend ältere Menschen jenseits des 60. Lebensjahrs. Durchaus mit Erfolg, wie der Vorreiter psychoanalytischer Behandlungsverfahren für ältere Menschen in Deutschland, Hartmut Radebold, feststellt. Viel zu lange, so der Kasseler Psychoanalytiker, hätten sich »Psychoanalyse und Alter wie zwei Fremde gegenüber gestanden«.

An Behandlungsbedarf besteht jedenfalls kein Mangel: Etwa 24 Prozent der depressiven Patienten von Nervenärzten waren 1990 über 60 Jahre alt, doch nur 0,6 Prozent erhielten psychotherapeutische Hilfe. Schon 1974 bezeichnete daher die Psychiatrie-Enquete der Bundesregierung die psychotherapeutische Versorgung im höheren Lebensalter als deutlich unterentwickelt.

Hartmut Radebold sieht gleich eine Reihe von Gründen, weshalb sich auch Psychoanalytiker bisher häufig vor der Auseinandersetzung mit älteren Patienten »gedrückt« hätten. »Als ich Anfang 1964 meine erste 59jährige Patientin, also Jahrgang 1905, behandelte, war mir nicht bewußt, daß sie 1933 25 Jahre alt war. Ich fragte damals nicht, was sie in den nachfolgenden Jahren getan oder gelassen hatte. Auch bei späteren Behandlungen über 60jähriger wurde von beiden Seiten verdrängt, was sie im Dritten Reich gemacht hatten.« Heute jedoch hat sich die Situation durch die Problematisierung der Rolle des einzelnen im Nationalsozialismus grundlegend verändert – nicht unbedingt zum Vorteil älterer Patienten über sechzig, die inzwischen höchstens noch als Kinder und Jugendliche, nicht aber als Verantwortliche Krieg und Holocaust erlebten. Denn jetzt würden, so Hartmut Radebold, die älteren von ihren viel jüngeren Therapeuten irrtümlich als Tätergeneration erlebt – und nicht selten unbewußt auch so behandelt.

Die Psychotherapie älterer Menschen bringt behandlungstechnische Besonderheiten mit sich. Im Regelfall ist der Therapeut älter oder wenigstens nicht wesentlich jünger als seine Patienten, so daß diese nicht nur ihre aktuellen Konflikte, sondern vor allem auch jene mit Eltern, Lehrern und anderen Autoritäten in ihrer Therapie wiederbeleben. Doch solche sogenannten Übertragungsphänomene stellen sich für ältere Patienten und ihre jüngeren Therapeuten ganz anders dar: Bei der Behandlung über Sechzigjähriger entstehe anfangs eine »umgekehrte Übertragung«, erläutert Hartmut Radebold. »Ältere Patienten erleben ihre Therapeuten dann oft in der Rolle von Kindern oder Enkelkindern.« Weit zurückliegende Enttäuschungen und Hoffnungen gegenüber den inzwischen erwachsenen oder ehemals vergeblich erwünschten Kindern würden geweckt.

Umgekehrt müßten sich die Therapeuten älterer Patienten mit ihrer Rolle gegenüber den eigenen Eltern auseinandersetzen, so Radebold. Ältere Patienten spielen häufig auf diese Besonderheit an: Freundlich oder durchaus mit aggressivem Unterton bedeuten sie ihrem Behandler zum Beispiel, »mein Sohn ist übrigens Chefarzt«. Es hängt dann von der Gelassenheit des Therapeuten ab, inwieweit er sich in Frage gestellt fühlt oder die Anspielung auf die Situation therapeutisch aufgreift: »Es ist für uns beide gar nicht leicht, mit dieser ungewöhnlichen Situation umzugehen.«

Therapeuten werden bei der Behandlung Älterer mit Krankheit, Endlichkeit und Tod in einem Ausmaß konfrontiert, wie sonst nur bei Sterbebegleitungen. Alte repräsentieren die eigene Lebensperspektive, symbolisieren Schwäche, Ohnmacht und Leid, was im Umfeld oft zu unbewußten oder offen aggressiven Reaktionen führt. Herabsetzungen und Mißhandlungen durch Angehörige oder Pflegekräfte in Alteneinrichtungen sind nicht ungewöhnlich. Rolf Dieter Hirsch, Psychoanalytiker und Leiter der Abteilung für Gerontopsychiatrie und des Gerontopsychiatrischen Zentrums der Rheinischen Kliniken in Bonn, betont, daß im Unterschied zu ebenfalls hilfsbedürftigen und abhängigen Kindern Alte kein Kindchenschema hätten, das zärtliche Gefühle stimuliert. »Schnell wird man in Resignation hineingezogen, wenn ältere Patienten sagen, ›es hat alles keinen Sinn mehr, da tut's weh und dort tut's weh, Sie können mir auch nicht weiterhelfen, und am liebsten würde ich sterben‹.« Als Behandler, so Hirsch, stimme man dann oft innerlich zu, anstatt solche Bemerkungen als Zeichen von Depression, Anklage und dem Wunsch nach angemessener Hilfestellung zu verstehen. Ärger löse zudem die häufige Distanzlosigkeit alter Menschen aus, die sich eventuell nicht mehr an übliche soziale Regeln halten. Ein alter Mensch, der seinen Nachbarn plötzlich nicht mehr grüßt, denkt sich vielleicht »jetzt hab' ich's nicht mehr nötig, soziale Rollen spielen zu müssen«, was oft als Befreiung erlebt werde, berichtet Rolf Dieter Hirsch.

Beachtet man die geltenden Indikationskriterien, steht auch bei vielen Patienten jenseits des 60. Lebensjahrs die Klärung oft lebenslanger Konflikte mit Hilfe von Langzeitbehandlungen an. Zu Symptomen kommt es häufig allerdings erst, wenn sich ihre Möglichkeiten einschränken und hilfreiche Beziehungen im Umfeld verlorengehen. Bei Vereinsamung und Trauerreaktionen nach Verlusten naher Angehöriger böten sich insbesondere Kurz- oder Fokaltherapien an, empfiehlt Hartmut Radebold. Gruppentherapien fördern darüber hinaus dringend benötigte Kontakte. Auch im Alter gibt es demnach durchaus Chancen für Symptomminderung bis hin zu Symptomfreiheit.

Das biologische Alter spielt hingegen für die Indikation eine sehr geringe Rolle. Forschungsergebnisse zeigten, daß der körperliche Alterungsprozeß keinen direkten Einfluß auf die psychische Gesundheit hat. Vielmehr stellt der Umgang mit dem Alterungsprozeß eine der zentralen Entwicklungsaufgaben in der zweiten Hälfte des Erwachsenenlebens dar, faßt Gereon Heuft seine von der Deutschen Forschungsgemeinschaft geförderte Studie zusammen. Zu einem sogenannten Aktualkonflikt mit neurotischen oder psychosomatischen Symptomen komme es, so der Psychoanalytiker Heuft, wenn der Umgang mit dem Alterungsprozeß und den damit verbundenen Kränkungen nicht gelinge. Neben solchen Aktualkonflikten oder bereits langjährig bestehenden psychischen Erkrankungen weist Heuft noch auf eine dritte Gruppe älterer Psychotherapiepatienten hin: Nach erlittenem Trauma in jungen Jahren blieben diese Patienten relativ symptomfrei, bis der körperliche Alterungsprozeß an die früheren traumatischen Erfahrungen mit Ohnmacht und Hilflosigkeit rühre.

Bei Patienten über sechzig spielen ohnehin aktuelle Veränderungen durch Erkrankungen oder Behinderungen eine größere Rolle. Daher sind Behandlungserfolge auch viel mehr als bei jüngeren Patienten durch neu auftretende Erkrankungen, zusätzliche Verluste und Veränderungen im Umfeld bedroht.

Schamkonflikte sind bei Behandlung und Betreuung älterer Menschen besonders häufig. Typisch ist die Leugnung von einsetzenden Gedächtnisfunktionsstörungen durch ältere Menschen: Ist der Schlüssel unauffindbar, muß ihn jemand gestohlen haben. Solche Behauptungen schützen den alten Menschen vor sonst auftretenden massiven Schamgefühlen wegen seiner »zweiten Abhängigkeit«, die künftig immer mehr zunehmen wird. Doch statt solche »Verrücktheiten« einstweilen milde als sinnvollen Schutz gelten zu lassen, werden sie allzuoft als Zeichen von Altersparanoia gedeutet – mit der Folge weiterer Beschämungen. Daher können selbst in Alteneinrichtungen psychoanalytische Supervisionen zu einer wesentlichen Entschärfung der Konflikte zwischen Patienten und Personal oder der Patienten untereinander beitragen.

Womöglich beruht die weitgehende Unkenntnis der Behandlungsmöglichkeiten von älteren Patienten auf einem Mißverständnis: Die häufig beschworene »Aufarbeitung der Lebensgeschichte« kann niemals Selbstzweck einer psychoanalytischen Behandlung sein: Immer geht es um angemessenere Konfliktlösungen und die Akzeptanz eigener Grenzen. Und dies unterscheidet die Behandlung eines alten Menschen, vielleicht mit einsetzender Demenz (altersbedingter Abbau der Hirnleistungsfähigkeit), prinzipiell nicht von der eines Dreißigjährigen.

Die nachwachsende Generation alter Menschen, die bereits häufig schon in jüngeren Jahren positive Erfahrungen mit Psychotherapie gemacht hat, dürfte künftig auch im Alter aktiv psychotherapeutische Hilfe suchen und das viel weniger als Stigma erleben, betont Gereon Heuft.

Ein wesentlicher Unterschied mag dennoch Patienten wie Therapeuten von einer Behandlung Abstand nehmen lassen: Besonders nach Erreichen des siebten Lebensjahrzehnts wird die Auseinandersetzung mit dem nahenden Ende und der Bedrohung durch Krankheit unausweichlich. Die Psychoanalyse alter Menschen setzt sich dieser Konfrontation mit menschlicher Endlichkeit aus.

Ausblick: Was bleibt?

Unmittelbar nachdem ich meine psychoanalytische Ausbildung abgeschlossen hatte, wurde ich um Supervision einer großen psychiatrischen Einrichtung gebeten. Auf den meisten Stationen, die ich zu betreuen hatte, war man erstaunt, daß kein »Freudianer« die Nachfolge des scheidenden Supervisors antreten sollte. Als ich auf die Psychotherapiestation kam, die sich als besonders psychoanalytisch und avantgardistisch verstand, schlug mir eine eisige Atmosphäre entgegen. Einige der im Kreis um einen Tisch sitzenden Teammitglieder wandten mir – ohne den Kopf zu drehen – den Rücken zu. Man bedeutete mir, daß man mit dem vorhergehenden Supervisor in der letzten Stunde überlegt habe, eine Zusammenarbeit mit einem »Adlerianer« abzulehnen. Ich entgegnete, ich sei kein »Adlerianer«, sondern würde mich um den aktuellen Stand der Psychoanalyse bemühen. Allerdings hätte ich meine Ausbildung an einem Adler-Institut absolviert und sei dort auch Mitglied und Dozent. Ob sie nicht sehen wollten, was das für die Supervision ihrer Station bedeuten würde. Das Team akzeptierte, und es kam zu einer fruchtbaren Zusammenarbeit.

Die oftmals durch skurrile Textexegese und sektiererische Lagermentalität unterschiedlicher sogenannter »Schulen« geprägte Geschichte der Psychoanalyse hat ihrem eigenen Ansehen in der Öffentlichkeit wie auch ihrer Wissenschaftlichkeit großen Schaden zugefügt. Die Zukunft der Psychoanalyse liegt in ihrer Diskussionsbereitschaft – nach innen wie nach außen. Die Dachgesellschaft der deutschen Psychoanalytiker, die Deutsche Gesellschaft für Psychoanalyse, Psychotherapie, Psychosomatik und Tiefenpsychologie (DGPT), bietet dafür ein erfreulich offenes Forum. Dabei werden die Gründerväter (Freud, Adler und Jung) hinsichtlich der Aktualität vieler ihrer Aussagen an Bedeutung verlieren – zugunsten der Auseinandersetzung mit Nachbarwissenschaften wie zum Beispiel Psychologie, Psychiatrie, Neuropsychologie und Soziologie.

Kein Zweifel, die genannten Wissenschaften erzielen gegenwärtig rasche Erkenntnisfortschritte, und viele Annahmen der Psychoanalytiker der Jahrhundertwende oder des ersten Dezenniums dieses Jahrhunderts erscheinen heute weitgehend überholt. Doch die Rolle innerer Konflikte, oftmals unbewußter, dafür um so wirksamerer individueller wie kollektiver Motive – sie sind es nicht. Damit sind die Ergebnisse zum Beispiel der modernen Hirnforschung keineswegs in Frage gestellt.

Kernaussagen der Psychoanalyse jedenfalls sind von ungeschmälerter Aktualität. Das müssen nicht unbedingt jene Theorien sein, die die ersten Psychoanalytiker für die Essentials ihrer neuen Wissenschaft hielten. Nicht die Triebpsychologie, die Bedeutung von Fehlleistungen oder die Traumdeutung machen die Relevanz für Klinik und Gesellschaftskritik aus. Vielmehr ist die Hauptaussage der Psychoanalyse, daß individuelles wie gesellschaftliches Leben durch zahlreiche, oft unbewußte Konflikte geprägt ist – und damit unbewußte Be-Deutung besitzt, die durch Deutung bewußt werden kann. Das gilt im übrigen sogar dort, wo vornehmlich organisch bedingte, zum Beispiel hirnorganische Prozesse eine Krankheit bestimmen. Die individuelle Ausformung des Verhaltens und Erlebens und die Interaktionen des Kranken mit sich selbst, seinen Angehörigen und Helfern sind noch stets charakteristisch für seine Persönlichkeit, seine Geschichte und seine lebensgeschichtlich bedingten inneren Konflikte. Denn trotz aller biologischen oder neurologischen Einschränkungen, ja Behinderungen des Patienten, stellt sich doch immer wieder die individuelle, persönlichkeitstypische Dynamik in den Beziehungen des Patienten ein. Sie bildet die Persönlichkeit des Patienten, so reduziert sie auch sein mag, seine Krankheit und seine Geschichte ab.

Statt ideologischer Auseinandersetzungen könnten sich biologisch orientierte Psychiatrie, Neuropsychologie und Psychoanalyse gegenseitig befruchten, wenn die oft unbewußte, emotional aber darum um so wirksamere Dynamik der Beziehungskonflikte in Kombination mit der Erkrankung untersucht und behandelt wird. Auch wenn der Patient selbst dabei nicht mehr direkt von Deutungen profitieren kann, ermöglicht das Verständnis der Interaktionen den Behandlern professionelleren, den Angehörigen nicht selten einen angemesseneren Umgang mit dem Kranken.

Individuell sind innere, heute unbewußte Konflikte, einstmals jedoch häufig äußere Konflikte gewesen: mit Eltern, Geschwistern, primären Bezugspersonen. Diese Konflikte wurden verinnerlicht und bilden sich im späteren Leben als äußere – oft tragische – Konflikte ab. Nicht die Fratze einer bösen, versagenden oder verführerischen Mutter oder die eines strengen oder laschen Vaters steuern später das erwachsene Selbst, sondern Abbildungen von Beziehungssequenzen. »Gelernt« werden typische Beziehungsmuster, gekoppelt mit den damals dazugehörigen Affekten, mit Erwartungen an sich selbst und die Umwelt, mit Annahmen über die

Welt, die seinerzeit zwar im Mikrokosmos der kindlichen Welt bedingt zutreffend gewesen sein mögen – es heute aber nicht mehr sind.

Freuds Idee war, daß menschliches Handeln und Erleben, seine Träume und Hoffnungen, seine gelingende wie scheiternde Suche nach Glück und Macht Bedeutung hat – unbewußte Bedeutung. Und daß es hilfreich ist, diese unbewußten Bedeutungen ans Tageslicht zu befördern. Ein Patient beginnt tragische Beziehungsmuster und Wiederholungen im Lauf der psychoanalytischen Behandlung zu erkennen und wird so in die Lage versetzt, sich – eventuell erstmals – anders zu entscheiden und anders zu verhalten. Freuds Satz »wo Es war, soll Ich werden« meint diesen Zuwachs an Freiheit, den Gewinn, entscheiden zu können, statt inneren Zwängen zu unterliegen.

Diese Zunahme an Freiheit und Alternativen gilt potentiell ebenso für kollektives Erleben, für zeitgeschichtliche Einengungen und politisches Handeln. Die Analyse kollektiver Stimmungen wie beispielsweise bei Ausländerfeindlichkeit, latentem Antisemitismus, der Dynamik despotischer Regime à la Milošević, aber auch Chancen bei der Bewältigung etwa sozialökologischer Herausforderungen, dies alles sind Anwendungsgebiete moderner Psychoanalyse. Damit leben Freuds Vorstellungen von der Psychoanalyse als einem konstruktiven Stachel weiter, der die allzu bequeme Ruhe stört, um wie Freud sagte, der leisen Stimme der Vernunft am Ende doch noch zum Durchsatz zu verhelfen. Diese Stimme der Vernunft betrifft natürlich auch zuallererst die Entwicklungen innerhalb der Psychoanalyse. Vernünftig ist es, die alten wissenschaftstheoretischen Vorstellungen Freuds und seiner Anhänger – zum Beispiel vom Wirken der Triebe als quasi mechanisch-elektrische Kräfte – aufzugeben zugunsten aktueller Theorien der Selbstregulation. Doch Freuds Sicht der Wissenschaft – geprägt von der Faszination der Naturwissenschaften, so wie man sie um die Jahrhundertwende verstand – barg bereits die Revolution in sich, die auch die moderne Physik in diesem Jahrhundert durchlief. Die psychoanalytische Vorstellung, daß es keine beobachterunabhängigen Datenerhebungen geben könne – repräsentiert durch den Begriff der Gegenübertragung, nämlich der emotionalen Antworten und Reaktionen des Behandlers auf seinen Patienten und der Interaktion mit ihm –, findet ihre Analogie in der modernen Teilchenphysik. Auch dort gilt, daß es keine beobachterunabhängigen Messungen in bestimmten Bereichen gibt, sondern daß die erhobenen Daten vom Beobachter abhängig sind, mithin durch unterschiedliche Messungsstandpunkte unterschiedliche Ergebnisse erzielt werden. Was über Jahrzehnte als unwissenschaftliches Manko der Psychoanalyse galt, erweist sich inzwischen als Charakteristikum wissenschaftlicher Erkenntnis: Diese ist niemals objektiv, also unabhängig von Zeitstömungen, Ideen und Forschungsschwerpunkten des Untersuchers und den Werten seiner Kultur. Diese Verzerrungen – seien sie individuell, kulturell, wissenschaftlich oder politisch – einer kritischen Reflexion zu unterziehen und die zugrundeliegenden unbewußten Annahmen und Haltungen zutage zu fördern, hat sich die Psychoanalyse zur Aufgabe gemacht – in dem Wissen, daß auch diese Ergebnisse niemals endgültigen Charakter haben werden, immerhin aber der Relativität unserer vorläufigen Erkenntnisse und Meinungen Rechnung tragen können. Damit hinterfragt sie individuelle Größenideen wie auch die Hybris wissenschaftlicher Gebäude oder kollektiver Meinungen als letzte Wahrheiten. Ihre Stärke wird besonders darin liegen, sich selbst niemals von diesem Prozeß auszunehmen.

Dank

Ich bedanke mich bei allen Gesprächspartnern, Kolleginnen und Kollegen, die bereit waren, Statements für die Beiträge abzugeben, den Text zu redigieren und mir wertvolle Tips und Hinweise zu geben – oft nicht ohne erheblichen persönlichen Aufwand. Mein Dank gilt besonders:

Kamyar Kutschak Alawi, Thomas Auchter, Thea Bauriedl, Karin Bell, Werner Bohleber, Paul Dohmen, Ingrid Geiger, Rebeca Grinberg, Marianne Leuzinger-Bohleber, Heiner Heister, Gereon Heuft, Mathias Hirsch, Rolf Dieter Hirsch, Elke Holz, Peter Kutter, Gerd Lehmkuhl, Wolfgang Mertens, Suhita Osorio-Peters, Hartmut Radebold, Udo Rauchfleisch, Ludger Reiberg, Rainer Richter, Herta Richter-Appelt, Karin Schneider-Henn, Sylvia Schües, Annette Streeck-Fischer, Katharina-Susann Müller, Hans Wielpütz, Léon Wurmser, Feride Yilmaz.

Literaturhinweise

Das vorliegende Buch basiert auf einer Serie, die unter dem Titel »Freuds Urenkel« in der Frankfurter Rundschau erschien. Daher stammen viele Zitate aus Gesprächen, die ich für die damaligen Zeitungsbeiträge führte. Ich gebe nachfolgend Tips zum Weiterlesen oder Literaturhinweise, in denen manche der Zitate erschienen sind.

1

Broucek, F. J. (1991): Shame and the self. New York, London

Cremerius, J. (1989): Der Psychoanalytiker als Militärpsychiater. Offener Brief an Peter Kutter. Psyche 43, S. 558–563

Kernberg, O. F. (1998): Dreißig Methoden zur Unterdrückung der Kreativität von Kandidaten der Psychoanalyse. Psyche 52, S. 199–213

Mertens, W. (Hg.) (1997): Der Beruf des Psychoanalytikers. Frankfurt a. M. (Hierin finden sich auch die Zitate von Karin Bell und Bernd Nitzschke.)

Moser, T. (1987): Der Psychoanalytiker als sprechende Attrappe. Eine Streitschrift. Frankfurt a. M.

2

Grawe, K.; Donati, R.; Bernauer, F. (1994): Psychotherapie im Wandel. Von der Konfession zur Profession. Göttingen

Leuzinger-Bohleber, M.; Stuhr, U. (Hg.) (1997): Psychoanalysen im Rückblick. Methoden, Ergebnisse und Perspektiven der neueren Katamneseforschung. Gießen

Pine, F. (1990): Die vier Psychologien der Psychoanalyse und ihre Bedeutung für die Praxis. Forum der Psychoanalyse 6, S. 232–249

Tschuschke, V.; Heckrath, C.; Tress, W. (1997): Zwischen Konfusion und Makulatur. Zum Wert der Berner Psychotherapie-Studie von Grawe, Donati und Bernauer. Göttingen

3

Streeck-Fischer, A. (1997): Die Psychoanalyse hat es versäumt, sich genügend als eine kritische und lebendige Wissenschaft hervorzutun. In: Mertens, W. (Hg.), Der Beruf des Psychoanalytikers. Frankfurt a. M., S. 189–215

Streeck-Fischer, A. (1997): Verschiedene Formen des Spiels in der analytischen Psychotherapie. Über das Spiel der Entwicklung, das heilsame Spiel, das Spiel, das außer Kontrolle gerät und das posttraumatische Spiel. Forum der Psychoanalyse 13, S. 19–37

Streeck-Fischer, A. (1998): Adoleszenz und Trauma. Göttingen

4

Leuzinger-Bohleber, M.; Garlichs, A. (1991): Lehrerausbildung für die Arbeitslosigkeit. Spätadoleszente Identitätsprozesse unter erschwerten Berufsperspektiven. In: Trescher, H.-G.; Büttner, C. (Hg.), Jahrbuch 3 für psychoanalytische Pädagogik. Mainz

Rauchfleisch, U. (1999): Außenseiter der Gesellschaft. Psychodynamik und Möglichkeiten zur Psychotherapie Straffälliger. Göttingen

5

Hilgers, M. (1996): Scham. Gesichter eines Affekts. Göttingen

Richter, H.; Bohleber, W. u. a. (Hg.) (1995): Psychoanalytische Beiträge zu Rechtsextremismus und Fremdenfeindlichkeit. Münster

6

— — —

7

Stern, D. N. (1993): Die Lebenserfahrung des Säuglings. Stuttgart

Wurmser, L. (1997): Die verborgene Dimension. Psychodynamik des Drogenzwangs. Göttingen

8

Hirsch, M. (1990): Realer Inzest. Psychodynamik des sexuellen Mißbrauchs in der Familie. 2. Aufl. Berlin

Müller, K.-S. (1997): Sexueller Mißbrauch im Kindes- und Jugendalter. Eine Prävalenzstudie in Köln. Inaugural-Dissertation, Medizinische Fakultät Köln

Richter-Appelt, H. (Hg.) (1997): Verführung, Trauma, Mißbrauch (1896–1996). Gießen

9

David, M.; Borde, T.; Kentenich, H. (Hg.) (1998): Migration und Gesundheit. Zustandsbeschreibung und Zukunftsmodelle. Frankfurt a. M. (Hierin finden sich auch die Zitate von Jürgen Collatz und Ingrid Geiger.)

Grinberg, L.; Grinberg R. (1990): Psychoanalyse der Migration und des Exils. München/Wien

10

Chasseguet-Smirgel, J. (1986): Kreativität und Perversion. Frankfurt a. M.

Hilgers, M. (1997): Macht, Ohnmacht und Gewalt in Paarbeziehungen. Psychoanalytische Überlegungen zu Liebe und Perversion. In: Höhfeld, K.; Schlösser, A.-M. (Hg.), Psychoanalyse der Liebe. Gießen

Kernberg, O. F. (1981): Objektbeziehungen und Praxis der Psychoanalyse. Stuttgart

Kundera, M. (1984): Die unerträgliche Leichtigkeit des Seins. München/Wien

Wurmser, L. (1993): Das Rätsel des Masochismus. Psychoanalytische Untersuchungen von Über-Ich-Konflikten und Masochismus. Berlin u. a.

11

Geißler, K. A. (1996): Zeit. »Verweile doch, du bist so schön«. Weinheim/Berlin

Hilgers, M. (1997): Ozonloch und Saumagen. Motivationsfragen der Umweltpolitik. Stuttgart

Kundera, M. (1995): Die Langsamkeit. München/Wien

Politische Ökologie 57/58: Von der Zeitnot zum Zeitwohlstand. Januar/Februar 1999

12

Radebold, H. (1992): Psychodynamik und Psychotherapie Älterer. Berlin u. a.

Radebold, H. (Hg.) (1997): Altern und Psychoanalyse. Psychoanalytische Blätter, Band 6. Göttingen

Hilgers, M. (1996): Scham. Gesichter eines Affekts. Göttingen

Wenn Sie weiterlesen möchten...

Micha Hilgers
Scham
Gesichter eines Affekts

Micha Hilgers entwirft eingängig die Dynamik von Schamreaktion und Schamkonflikten in Alltagssituationen wie auch bei psychischen Störungen in stationären und ambulanten Behandlungen. Gesunde Schamgefühle werden gewürdigt – in der kindlichenEntwicklung des Selbst (Entstehung von Schüchternheit, Fremdeln, Verlegenheit, Scham bei unerreichten Zielen) – Scham in bestimmten Lebenssituationen, im Alter und bei körperlichen Erkrankungen.
Zahlreiche Fallbeispiele und behandlungstechnische Hinweise illustrieren die Bedeutung von Schamkonflikten. Ausführlich behandelt Hilgers Scham im Zusammenhang mit der Gewalt in Familien, bei psychisch kranken Straftätern, bei rechtsextremistischen Jugendlichen und die Rolle von Scham und Schamlosigkeit in den modernen Medien.

„Hilgers Buch gehört m.E. zu den seltenen Büchern, bei denen der Verleger problemlos den Vermerk ‚bei Nichtgefallen Geld zurück' anbringen könnte.“ *Christoph Pirker, Intra*

„Kurzum, es ist ein für Therapeuten aller Richtungen erkenntnisreiches, wertvolles Buch, das auch dem interessierten Laeien sehr zu empfehlen ist.“ *León Wurmser, Psyche*

„Dieses Buch halte ich durch seine Fokussierung auf den Affekt der Scham auf der einen Seite und die Vielfalt der damit verbundenen therapeutischen und gesellschaftlichen Themen andererseits für überaus anregend und lesenswert.“
Hanne Bein-Kürten, Systhema

Till Bastian

Der Blick, die Scham, das Gefühl

Eine Anthropologie des Verkannten

Das recht geschlossene Weltbild von Tiefenpsychologie und Psychoanalyse ist mittlerweile zerbrochen; was von ihm bleiben wird, läßt sich nicht absehen. Vielleicht können neue Wege beschritten werden, wenn wir untersuchen, welche Themen in diesen hundert Jahren Tiefenpsychologie vernachlässigt, ja manchmal geradezu systematisch mißachtet wurden: etwa Gesichtssinn und Blick, die für das menschliche Weltverhalten und Weltverständnis konstitutiv sind, die Scham, das Aschenputtel unter den Gefühlen, und schließlich die Affekte selbst. Aus der genaueren Betrachtung dieser Themen, also aus der *Anthropologie des Verkannten*, lassen sich wichtige Erkenntnisse für eine neue Metapsychologie gewinnen.

Till Bastian

Der Traum von der Deutung

Einhundert Jahre Psychoanalyse zwischen Via regia und Holzweg

Sechzig Jahre nach Freuds Tod besteht zwischen Wissenschaftlern, die sich Freuds Werk verpflichtet fühlen, kaum noch Einigkeit darüber, was „Psychoanalyse“ ist und leistet – andere lehnen das gesamte Lehrgebäude ohnehin in Bausch und Bogen ab. Was bleibt?
Till Bastian zeichnet nach, in welcher Situation, und auch in welchen persönlichen Verstrickungen, Freuds Werk entstanden ist. Seine Gedanken zu den Stärken und Schwächen dieses Lebenswerks sind oft überraschend und mitunter strittig – aber stets anregend.